NOUVELLES
FONTAINES
DOMESTIQUES,
APPROUVÉES
AR L'ACADEMIE ROYALE
DES SCIENCES.

A PARIS,

hez J. B. COIGNARD, Imprimeur du Roi.
A. BOUDET, Libraire-Imprimeur.

MDCCL.

VEC APPROBATION ET PRIVILEGE DU ROI.

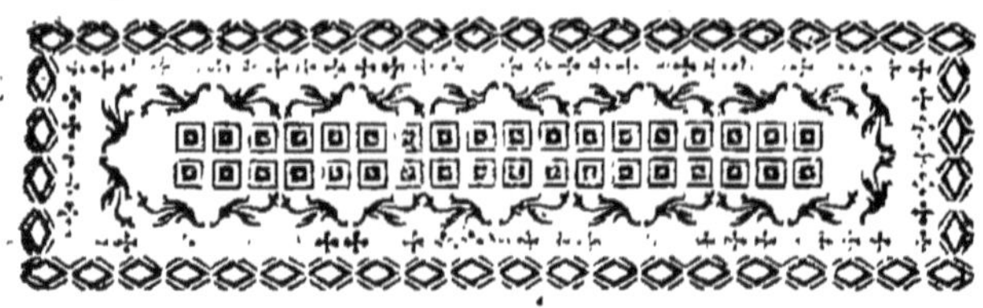

A MONSEIGNEUR LE MARQUIS DE BAUFFREMONT,

Chevalier de la Toiſon d'or, Lieutenant-Général des Armées du Roi, &c.

MONSEIGNEUR,

J'OBÉIS avec peine à ce que VOTRE EXCELLENCE me fait l'honneur de me demander, ſur les ſignes de la bonne eau, ſur les filtres les plus propres à la purifier; & ſur les vaſes formez de plomb, de cuivre, de fer, d'étain, ou d'autres matières plus propres à la conſerver, principalement ſur mer, & en paſſant ſous la Ligne : mais elle me fera la grace de croire, que je ne veux pas faire le ſçavant. La pratique réitérée & changée pluſieurs fois, les objections qu'on m'a faites depuis quatre ans que je ſuis à Paris, les différentes opinions & les différens goûts que j'ai pris dans le Public, les efforts que j'ai faits après tout cela pour aller à la perfection, m'ont plus aidé que n'auroit fait le ſçavoir. Tout n'eſt chez moi que ſimple méchanique, ſans théorie. Jugez, MONSEIGNEUR, ſi je ſuis en état de ſatisfaire un eſprit auſſi élevé que le vôtre. Je ſçais d'ailleurs, que la Faculté de Médecine eſt la ſeule ſource des bonnes déciſions, dans tous les cas qui intéreſſent la ſanté ; & ſi j'oſe entreprenpre cette réponſe, ce n'eſt que pour raiſonner d'après le grand nombre d'expériences que j'ai faites, & pour obéir. Voici donc ce que je penſe.

❧❧

I.

Sur le choix de l'eau considérée comme boisson, & comme servant à la préparation des alimens ; & sur le choix des filtres les plus propres à purifier de tout limon, & de toute viscosité, l'eau de puits ou de rivière.

L'Usage des Fontaines sablées à Paris est établi depuis environ deux siécles ; & il est indispensable pour purifier les eaux destinées pour la boisson, & pour la préparation des alimens.

L'eau de la Seine, sur-tout quand la Marne y verse son limon, est tellement bourbeuse en certain temps de l'année, que le filtrage dans les Fontaines de cuivre, où le sable n'est pas assez bien disposé, ne la purifie jamais parfaitement. La construction de ces Fontaines ne permet point d'y fouler un sable fin, & de le comprimer au point qu'il puisse arrêter le limon ſubtil qui échappe toujours au travers des interſtices du gros ſable. Les Maîtres-d'Hôtel, les Limonadiers, & bien d'autres, ſçavent par expérience, que quand la Marne verſe ſon limon dans la Seine, leurs Fontaines ſablées donnent dès-lors une eau louche & ſavoneuſe, & ils s'apperçoivent d'un limon blanchâtre qui voltige dans l'eau : ils peuvent, à la vérité, faire paſſer l'eau d'une première Fontaine dans une ſeconde ; mais tous les particuliers n'ont pas le même moyen. Tel peut avoir une Fontaine ſablée, qui ne peut pas faire la dépenſe de deux ; & celui-là, qui eſt du plus grand nombre, ne peut avoir qu'une eau louche, impregnée d'un limon ſubtil, & nuiſible à la ſanté.

Que peut produire en effet une eau impregnée de limon ? Il faut qu'elle paſſe dans les filtres que la nature a mis dans le corps de l'homme, & que ce limon qui s'arrête ſur ces filtres, faſſe des obſtructions peu à peu ; & à la longue ſoit la ſource de pluſieurs maladies, & principalement de la pierre.

Il n'eſt donc rien de ſi eſſentiel à la ſanté de l'homme, que de choiſir d'abord une eau légère, & de bonne qualité. Les ſignes certains ſont que, miſe ſur le feu, elle bouille promptement ; qu'expoſée enſuite à l'air, elle ſe refroidiſſe de même ; qu'elle cuiſe encore promptement les pois ; & qu'elle ſoit limpide & légère.

L'eau de la Seine renferme toutes ces bonnes qualitez ; elle eſt excellente, & tout ne conſiſte qu'à la purger de ſon limon. Il eſt des temps dans l'année où elle eſt aſſez limpide. L'eau d'Arcueil l'eſt encore plus, quoique bien des connoiſſeurs l'eſtiment pétrifiante : avec cette limpidité pourtant, il y a toujours dans l'une & l'autre un limon fin qu'on ne voit pas, & qui étant fort léger, ne ſe précipite que très-difficilement, & après un très-long temps.

De là vient que ceux qui ne veulent, ou ne peuvent faire la dépenſe d'une Fontaine ſablée, ſe flattent de boire une eau bien pure & bien ſaine, en la laiſant réposer quelques jours ; mais ils ſe trompent, & je puis l'aſſûrer d'après l'expérience que j'ai faite à ce ſujet.

Dans les temps où la Marne verſe ſon limon dans la Seine, j'ai fait repoſer une voie d'eau pendant quinze jours, dans un vaiſſeau de grès : j'ai mis un demi-ſeptier de cette eau dans une bouteille ; & j'ai verſé le reſte dans une Fontaine, où il n'y avoit qu'une ſeule éponge bien preſſée dans une alvéole. Cette voie d'eau a reſté vingt-quatre heures à paſſer, attendu l'extrême preſſion de l'éponge. J'ai enſuite pris deux verres bien propres : dans l'un, j'ai verſé le demi-ſeptier d'eau réſervée ; & dans l'autre, j'ai reçu par le robinet de la Fontaine l'eau filtrée au travers de l'éponge. Comparaiſon faite des deux verres mis ſur une fenêtre au grand jour, j'ai trouvé que le coup d'œil en étoit totalement différent.

Après cela j'ai repouſſé l'éponge ; je l'ai lavée dans un verre de la même eau filtrée ; & cette eau eſt devenue tellement louche & ſavoneuſe, que je n'ai pû y voir au travers les objets placez derrière le verre.

D'où vient cela ? C'eſt que tout le limon imperceptible répandu dans la voie d'eau repoſée pendant quinze jours, & retenu par une ſeule éponge, étoit ſuffiſant pour ſalir un verre d'eau limpide ; bien que répandu dans la voie d'eau, il fût preſque imperceptible.

J'ai fait une autre expérience avec de l'eau de puits : chacun ſçait que cette eau eſt plus crue, plus lourde, & plus viſqueuſe, que celle des rivières où les Porteurs d'eau vont puiſer ; & vraiſemblablement la crudité & la lourdeur procédent de la viſcoſité.

Pour s'en aſſûrer mieux, chacun peut faire cette expérience : qu'on prenne une éponge bien ſaine, bien lavée, & bien préparée, cette éponge ſera très-propre, & nullement graſſe : qu'on l'applique enſuite dans une Fontaine, où il n'y ait qu'une ſeule alvéole pour la recevoir, & qu'on lui donne le degré de preſſion convenable ; c'eſt-à-dire, qu'en verſant l'eau dans la Fontaine, on la voye couler goutte à goutte, environ de quatre en quatre ſecondes ; voici ce que l'on trouvera : l'eau de puits, quoique très-limpide à l'œil, laissera sa viscosité dans l'éponge. Pour s'assûrer de ce fait, on n'a qu'à regarder le dessous de l'éponge, après quelques jours de filtrage continuel, on y trouvera une morve gluante, assez épaisse, & sensible au doigt & à l'œil, comme une glaire d'œuf. Il est certain, après cette expérience, que cette morve ne peut être qu'un mauvais germe dans le corps de l'homme ; & c'est à ceux qui sont obligez de boire des eaux de puits, à y prendre garde pour leur santé.

En effet, qu'on repousse l'éponge, elle sera visqueuse, grasse & gluante ; quoiqu'on l'ait mise bien propre & bien rincée dans l'alvéole : enfin, qu'on la lave dans un verre d'eau limpide, cette eau deviendra sale & visqueuse ; quoique l'eau qui a sali l'éponge, parût bien claire & bien limpide, en la versant dans la Fontaine.

D'où vient cela ? Ce n'est pas le limon de l'eau de puits, que je suppose très-limpide ; mais c'est la viscosité de cette eau, qui s'arrête dans l'éponge : & le même raiſonnement, que je viens de faire ſur le limon de l'eau de la Seine repoſée pendant quinze jours, eſt le même qu'il faut faire ſur la viſcoſité de l'eau de puits. Ce ſont des impuretés différentes, qui ne paroiſſent point étant répandues dans une voie d'eau, & qui paroiſſent viſiblement dans la contenance d'un verre.

J'ai confirmé cette expérience par une autre : j'ai mis de la terre glaiſe humectée, comme elle vient de la mine, dans un alambic : je l'ai diſtillée ; elle m'a donné une eau très-limpide, que j'ai miſe dans une bouteille de verre blanc. J'ai trouvé au bout de quelques jours un germe comme une glaire d'œuf, de la groſſeur d'un pouce.

D'où vient ce phénoméne ? C'eſt que l'eau de la terre glaiſe eſt extrêmement viſqueuſe, & que miſe en diſtillation elle s'eſt élevée avec ſa viſcoſité, qui eſt preſque de même nature ; & cette viſcoſité cuite par l'action du feu, & coagulée enſuite hors du feu, s'eſt aſſemblée en un peloton dans le fond de la bouteille.

Je conclus de-là, que la partie visqueuse de l'eau est la plus pésante ; & qu'après avoir été raréfiée par l'action du feu, elle se racornit & se rassemble par l'impression du froid ; les parties visqueuses qui sont dans le fond de la bouteille, attirant ainsi vers elles comme par des ligamens, toutes celles qui sont plus haut ; mais l'eau de la Seine mise en distillation ne m'a pas produit le même effet, d'où je conclus encore, que l'eau de puits, par analogie avec celle de la terre glaise, est beaucoup plus visqueuse que celle de la Seine.

On peut faire une autre expérience avec l'eau de la Seine. Si on la fait passer au travers d'une éponge, cette éponge deviendra seulement grasse, à raison du limon fin qu'elle aura retenu ; & ni plus ni moins que le sable des fontaines ordinaires, qui glisse dans les mains comme de la terre glaise, après deux ou trois mois de filtrage ; mais on n'appercevra point au-dessous de l'éponge la même viscosité qui résulte de l'eau de puits.

Remarquez, s'il vous plaît, MON-

SEIGNEUR, une chose bien essentielle sur la différence du filtrage fait au travers du sable, ou au travers de l'éponge. Si on filtre au travers du sable l'eau de la rivière impregnée de limon, le sable, après quelques jours qu'il aura été lavé, pourra la purifier à raison du limon qui en aura bouché tous les interstices; mais il ne retiendra pas les parties visqueuses, supposé qu'il y en ait quelque peu dans une eau courante.

Encore moins une Fontaine sablée retiendra les parties visqueuses de l'eau de puits; parce que celle-ci étant limpide, ne peut pas boucher les interstices du sable par un limon qu'elle n'a point; & en effet, qu'on fasse passer dans une Fontaine sablée de l'eau de rivière ou de l'eau de puits, on ne trouvera point en dessous cette morve qui s'arrête à l'éponge. La raison en est, ce me semble, que les parties visqueuses de l'eau sont très-subtiles & très-glissantes; ce qui est indiqué par leur transparence dans l'eau, & même lorsqu'elles sont assemblées, & réduites en morve, par leur rétention dans l'éponge & au-dessous.

De toutes ces expériences, il suit donc, que le sable ne retient que le limon de l'eau ; qu'il n'est pas propre pour retenir les parties visqueuses des eaux de puits ; & que l'éponge, au contraire, rétient par son degré de pression, tant le limon que les parties visqueuses.

Les pierres poreuses même ne retiennent pas ces parties visqueuses ; on peut en faire l'expérience avec de l'eau de puits : on ne trouvera point en dessous la même morve qui s'arrête à l'éponge.

Le vulgaire de Paris ne se fait pas une peine de boire l'eau sale de la Seine. Si elle est simplement louche, il la trouve belle & bonne ; mais cette eau, quoiqu'excellente de sa nature, devient mauvaise par cela seul, qu'elle n'est pas assez limpide.

Ceux qui en font usage sans la purifier, ne peuvent pas joüir d'une santé parfaite ; ils mettent au monde assez souvent des enfans mal sains, mal faits, bazanez, petits, ou bancroches : on en voit beaucoup dans

Paris, & principalement dans le vulgaire, qui n'ayant pas toujours le moyen d'acheter du vin, eſt obligé de boire de l'eau ſale de la Seine, parce qu'il peut encore moins ſe donner une Fontaine ſablée.

Il ne ſuffit donc pas que l'eau ſoit bonne de ſa nature; il faut prendre garde qu'elle ne devienne mauvaiſe par accident; c'eſt-à-dire, qu'elle ſoit purgée de tout limon, de toute viſcoſité, & de tout méchant levain: peu de gens cependant y font attention. Il eſt étonnant que des hommes raiſonnables ne voyent pas qu'une eau limpide & bien purifiée paſſe plus facilement dans le ſang, qu'elle le rend plus louable, & lui donne de la fluidité: c'eſt en effet la circulation libre, qui conſerve l'harmonie de toutes les parties du corps, & qui donne à l'homme de la gayeté, & des ſucceſſeurs ſemblables.

Là-deſſus quelques mauvais plaiſans me diſent, qu'il n'y a que le bon vin qui réjoüiſſe le cœur de l'homme, & qui lui donne de la gayeté. Pour répondre à une raillerie ſi mal placée, je conviendrai que les railleurs ont une lueur de raiſon. Le vin favoriſe la circulation du ſang, quand il eſt bien dépouillé : le gros vin, au contraire, quoiqu'il répare également les forces, paſſe avec beaucoup plus de peine, & ſe digére plus difficilement ; ce qui le rend propre à ceux qui par leur état ſont attachez à un travail pénible ; mais ce ne ſont là que des forces & une gayeté momentanées ; elles finiſſent après l'action du vin ; & c'eſt ainſi qu'en les rappellant journellement par cette boiſſon, on les détruit peu à peu, en les faiſant aller au-delà des bornes de la nature.

Je ne veux pas cependant, MONSEIGNEUR, condamner l'uſage du vin pris modérément ; les railleurs auroient trop d'avantage ſur moi : ce n'eſt pas d'ailleurs ce que V. E. me fait l'honneur de me demander ; mais il ſemble que le vin a de l'analogie avec l'eau. Le mêlange de l'un & de l'autre eſt néceſſaire dans les régles de la ſanté ; & je dis, que conſidéré comme boiſſon, celui qui eſt bien dépouillé de ſa lie eſt le plus favorable à la circulation du ſang.

De-là

De-là je conclus, qu'il en est de même de l'eau, & que beaucoup plus nécessaire que le vin, ou pour la boisson, ou pour la préparation des alimens, elle doit nécessairement être purgée de son limon, & de sa viscosité : soit donc que les viscères soient obstrués par la lie d'un vin mal dépouillé, ou par le limon imperceptible de l'eau, ce peut toujours être la source de bien des maladies. Si le sang ne circule pas, il fait avec le temps des apoplectiques, des poulmoniques, des astmatiques, &c. après cela, que ce soit l'eau ou le vin chargés de limon, de viscosité, ou de lie ; qu'on soit blessé de tierce ou de quarte, on ne l'est pas moins ; mais fait-on attention à la cause éloignée ? On n'y pense pas du tout ; & les hommes ne la connoissent, que quand ils sont devenus des intelligences après leur mort. Ils sçavent alors que l'eau bonne & limpide est la boisson nécessaire à l'homme, qu'elle prépare ses alimens, & qu'elle demande du choix & du soin ; mais cette science ne ressuscite pas les morts.

C'eſt pour cela que Venette, célèbre Médecin de la Rochelle, s'explique ainſi au ſujet de l'eau conſidérée comme boiſſon, en ſon Traité des Pierres, page 229.

» On choiſira auſſi l'eau & les au-
» tres boiſſons, comme on a fait les
» alimens; car ce ſeroit, ſelon mon
» avis, les deux cauſes, qui quoi-
» qu'éloignées, ont le plus de part
» à la génération de la pierre. Je ne
» blâmerois point un homme, qui
» après avoir choiſi d'excellente eau,
» la feroit filtrer, ... afin de la
» purifier, & de lui ôter tout le limon
» dont elle eſt impregnée : car, ſelon
» le ſentiment d'Hyppocrate, les li-
» mons imperceptibles qui ſont dans
» l'eau, & qui vont au fond du pot
» à l'eau, ſont la cauſe de la pierre. »

Quoique ce Médecin s'en tienne ſeulement à ſon ſujet, & ne parle pas d'autres maladies; je puis ajoûter, avec tous les Médecins du monde, que les mauvaiſes eaux ou impregnées de limon, ſont une des cauſes éloignées des obſtructions & des maladies; & conſéquemment, que l'homme raiſonnable doit choiſir l'eau, & la purifier ſoigneuſement.

Les nouvelles Fontaines que j'ai propoſées, dans leſquelles l'eau s'épure au travers des éponges, au travers du ſable, ou au travers de l'un & de l'autre filtre, rempliſſent toutes les vûes dont je viens de parler; mais elles ont trouvé dès le commencement bien des contradicteurs. C'eſt le ſort des meilleures choſes; & le mal eſt aſſez ſouvent, qu'elles ſont étouffées au préjudice des Inventeurs, & du Public. L'utilité d'un travail pénible eſt opprimée. La petite poignée des Connoiſſeurs applaudit; mais que font leurs applaudiſſemens, quand la foule ignorante les accable? L'invention alors n'eſt plus qu'un fruit ſous les épines, qui en empêchent la moiſſon.

C'eſt aujourd'hui le ſort de mes Fontaines. Que n'a-t-on pas dit pour les détruire, & pour ſurprendre la religion des Magiſtrats?

Les uns ont dit, que les éponges ſe pourriſſent dans l'eau, conſéquemment qu'elles ne peuvent lui donner qu'un méchant goût & une qualité nuiſible. Mais cette objection tombe par les jugemens de l'Académie, & par le grand nombre d'expériences qu'elle atteſte avoir été faites par les perſonnes le plus en état d'en juger.

D'autres ont dit, que véritablement les éponges ſont très-ſaines, & qu'elles épurent l'eau parfaitement. Ils conviennent même, qu'une éponge bien preſſée dans un tuyau, imite les filtres que la nature a mis dans le corps de l'homme; & que ces filtres du corps ſont ſoulagez d'une opération néceſſaire, comme étant déja faite par le puiſſant filtre de l'éponge; mais ils ſoutiennent que c'eſt un mal: ils prétendent que l'eau dépouillée des inſectes qui y ſont, & qu'on ne voit pas, perd beaucoup de ſa bonté. Ils veulent encore que l'éponge retienne les parties de nitre & de ſel marin qui ſe trouvent dans l'eau; & que n'étant pas vraiſemblable que l'Auteur de la nature les y ait miſes inutilement, c'eſt purifier l'eau au-delà des régles de cette ſage nature, que de la faire paſſer au travers d'un filtre trop puiſſant, & capable de retenir certaines parties nécessaires à la salubrité de l'eau.

Mais il seroit à souhaiter que l'objection fût en régle : s'il étoit vrai, que l'éponge pût retenir les parties nitreuses & salines de l'eau, ce seroit un très-grand bien pour la navigation : on ne risqueroit plus de périr sur mer, faute d'un élement aussi essentiel que l'eau : dans ce cas il ne seroit même plus besoin d'embarquer de l'eau douce ; une seule de mes Fontaines marines suffiroit, pour filtrer l'eau de la mer, & produire toute l'eau douce nécessaire à un Equipage : mais malheureusement, le vice que les Critiques attribuent au filtre de l'éponge, n'est qu'un vice imaginaire & détruit par l'expérience.

En effet, qu'on fasse filtrer l'eau de la mer, au travers d'une éponge bien serrée dans une alvéole ; au point même que cette éponge ne donne qu'une goutte d'eau par minute ; [assûrément il n'est pas de filtre plus puissant qu'un pareil degré de pression] on trouvera après le filtrage, que l'eau filtrée n'est ni plus ni moins ſalée qu'auparavant.

D'où vient cela ? C'eſt que le ſel eſt tellement diviſé dans l'eau de la mer, qu'il a même ténuité & même fluidité que l'eau douce qui s'y trouve.

Donc, & à plus ſorte raiſon, le nitre & le ſel marin qui ſe trouvent dans l'eau douce, en infiniment plus petites quantitez & diviſions, paſſeront au travers d'une éponge avec beaucoup plus de facilité, quelque grand que ſoit le degré de preſſion.

Les pierres poreuſes peuvent ſervir ici d'exemple. Chacun ſçait qu'elles purifient l'eau parfaitement ; mais bon-gré malgré, on m'oppoſe encore que les inſectes, le ſel & le nitre, paſſent au travers de ces pierres ; & que l'eau n'y perd aucune de ſes bonnes qualitez.

De-là on peut juger que les Critiques veulent me nuire ſans aucune lueur de raiſon. Pour moi, ſans entrer dans une diſpute inutile, je me réduits à leur dire tout ſimplement, que l'eau des pierres poreuſes n'eſt belle que par l'expulſion de tout limon & de tous inſectes. Si après cela il faut me ranger de leur parti, je ne puis que tirer avantage de leurs objections.

En effet, si les insectes, le nitre, & le sel marin, passent au travers d'une pierre poreuse malgré sa dureté & son épaisseur ; il est évident, qu'ils passeront avec beaucoup plus de facilité au travers d'une éponge, moins épaisse & moins dure. C'est ainsi, que me conciliant avec les Critiques, & malgré eux, ils seront du moins obligez de convenir, que le filtre, quel qu'il soit, ne retient que le limon de l'eau ; & que c'est la seule partie hétérogéne, qui peut lui ôter sa limpidité.

V. E. peut cependant remarquer la différence qu'il faut faire d'une pierre poreuse, d'avec une Fontaine à éponges : c'est que la pierre poreuse est lourde & chère : elle est sujette à s'obstruer, & à s'empuantir ; & dans ce cas, on ne peut la laver comme une éponge. Elle est sujette à se rompre, & les débris en sont inutiles. Elle donne une très-petite quantité d'eau, & bien des connoisseurs assûrent qu'elle lui communique un principe pétrifiant : une Fontaine à éponge, au contraire, se réduit en si petit volume que l'on veut. Elle coûte beaucoup moins. Elle n'est point sujette à se rompre, ou en tout cas, on peut la faire réparer à très-peu de frais. Elle est portative en voyage, même dans la poche, comme une tabatiere. Elle donne plus d'eau, & ne lui communique aucun principe pétrifiant.

Si après cela, les Critiques ne sont pas contens du filtre en éponge, je leur donne le choix d'une Fontaine sablée, bien différente des Fontaines ordinaires. J'en ai fait l'expérience pardevant Messieurs les Commissaires nommez par l'Académie des Sciences ; & je crois, MONSEIGNEUR, que vous serez bien-aise de voir ici les différens jugemens qu'elle a rendus.

Dès la présentation que j'ai eu l'honneur de faire à l'Académie, [c'étoit en 1745.] mes Fontaines ont paru de son goût. Elle a donc jugé alors, » que ma proposition des » éponges destinées au filtrage sera » susceptible d'utilité en plusieurs » rencontres ;

» rencontres ; & cela d'autant plus, » que les vases prescrits pour les » usages domestiques pourront être » faits de plomb ou de terre ; ce qui » donnera aux gens les plus pauvres » la commodité de s'en servir. »

L'Académie ensuite consultée par la Cour sur ma demande à fin d'enregistrement du Privilége que le Roi m'a accordé, a répondu qu'il n'y a *aucun inconvénient à craindre*, lorsque les vases seront formez de plomb, ou de terre : restriction remarquable dont je parlerai dans la suite, & qui marque tacitement l'exclusion du cuivre, comme un métal dangereux.

Cet avis de l'Académie n'a pas suffi pour assûrer la religion des Magistrats. J'ai présenté à M. de Reaumur, pour lors Directeur de la même Académie, différentes Fontaines garnies de différens filtres ; & ce grand homme, dont le sentiment vaut celui de plusieurs Sçavans, m'a fait l'honneur de me donner l'Attestation que voici :

» Je n'aurois pû sans injustice re-» fuser à M. Amy l'Attestation qu'il

» a desirée de moi, par rapport à
» l'usage que j'ai fait de ses Fontaines
» à filtrer l'eau. Il me paroît qu'on
» ne doit pas hésiter à les préférer
» aux Fontaines sablées ordinaires,
» qui sont de cuivre, & dans lesquel-
» les, malgré toutes les précautions
» qu'on peut prendre, il s'engendre
» un verd-de-gris très-redoutable. Je
» me suis servi pendant un mois & de-
» mi, & je me promets de continuer
» de me servir de celles de M. Amy.
» J'en ai eu plusieurs à la fois, dont
» chacune avoit été garnie par lui-mê-
» me d'un différent filtre; les unes
» d'éponge, les autres de coton, les
» autres de laine, les autres de soye,
» & les autres de sable. Elles ont
» toutes donné constamment une eau
» très-claire & très limpide. Les fil-
» tres d'éponge, ausquels il semble
» porté à donner la préférence, sont
» les plus aisez à nétoyer, à placer,
» & à mettre en état de donner à vo-
» lonté de l'eau en plus grande ou
» moindre quantité; mais ils deman-
» dent qu'on ne les laisse pas sans être
» couverts d'eau. La négligence de
» mes domestiques à remplir une de

» ces Fontaines qui étoient chez moi,
» a quelquefois été cause que la pre-
» mière eau qu'elle me donnoit après
» avoir été nouvellement remplie,
» avoit un léger goût d'éponge ou
» de marécage. Cet inconvénient,
» qu'on évitera avec un peu d'atten-
» tion, & auquel M. Amy remé-
» diera, en faisant à ses Fontaines
» quelques additions, * qui man-
» quoient à celle qui étoit chez
» moi, ne s'est trouvé à aucune de
» celles qui ont été garnies d'autres
» filtres : elles m'ont toutes donné
» une eau très-belle, & agréable à
» boire. L'habitude où l'on est de
» voir filtrer l'eau par le sable, don-
» nera apparemment plus d'inclina-
» tion pour cette sorte de filtre que
» pour les autres ; mais l'espece du
» filtre est indifférente à ces sortes de
» Fontaines, dont il est à souhaiter
» pour le bien public que l'usage s'é-
» tende. A Paris ce 29. Juillet 1748.

* Le dessein des corrections & additions a été déposé depuis au Secrétariat de l'Académie des Sciences, & M. de Reaumur est revenu au filtrage de l'éponge ; il s'en sert depuis long-temps avec succès.

Cette atteſtation d'un ſeul Membre de l'Académie, quoique très-illuſtre & très-reſpectable, ne m'a pas ſuffi encore pour parvenir à l'enregiſtrement de mon Privilége. Les ſollicitations que V. E. & Madame la Marquiſe de Bauffremont ont bien voulu faire en ma faveur, celles de pluſieurs Seigneurs & Dames de la première diſtinction ne m'ont pas plus avancé. L'extrême délicateſſe des Magiſtrats dans toutes les choſes qui regardent l'utilité & la ſanté du Public, ne leur a permis de répondre autre choſe, ſi ce n'eſt qu'ils ne peuvent ſe conformer qu'au ſentiment de l'Académie en corps ; & qu'elle ne m'eſt pas aſſez favorable dans le jugement, à la faveur duquel j'ai obtenu mon Privilége.

Arrêté donc par des volontez ſi abſolues & ſi reſpectables, je n'ai eu d'autre reſſource que de répandre des Fontaines dans le Public le plus diſtingué. Elles ont eu leur ſuccès, & V. E. le ſçait par ſa propre expérience. Je me flattois ainſi de faire percer la vérité ; mais je me ſuis trompé encore une fois. Rien n'eſt ſi ſage que les ménagemens & la prévoyance des Magiſtrats ſouverains ; pleins de lumières ſur toutes choſes, ils diſtinguent parfaitement le bon du mauvais ; mais perſuadez du bon, ils ne l'approuvent qu'après le ſuffrage autentique du Tribunal ſouverain ſur le point de fait. Ils ne ſont favorables aux Inventeurs, qu'autant que l'Académie eſt elle-même la première favorable ; & ne voulant aller au-delà de leur compétence, quoique Juges très-compétens & univerſels, ils conſervent ſcrupuleuſement les droits des Juriſdictions.

Pénétré de cette penſée, je me ſuis enfin appliqué à mériter un Jugement plus favorable de l'Académie. J'ai eu l'honneur de lui préſenter une Fontaine garnie de ſable, & d'un méchaniſme tout différent de celui des Fontaines de cuivre : en voici le dernier Jugement, qui ne laiſſe plus aucun doute ſur l'utilité publique.

Extrait de Regiſtres de l'Académie Royale des Sciences, du 21. *Août* 1748.

» Nous avons examiné par ordre » de l'Académie, un changement » propoſé par M. Amy à ſes Fontai- » nes à éponges, ou, pour parler » plus juſte, une manière d'employer » le ſable à la filtration de l'eau, » beaucoup plus commodément qu'on » ne fait ordinairement. Quoiqu'un » grand nombre d'expériences faites » depuis long-temps, & ſur-tout par » les perſonnes le plus en état d'en » juger, ayent dû lever tous les dou- » tes qu'on pouvoit avoir ſur l'uſage » des éponges; comme cependant il » y a encore quelques perſonnes à » qui elles paroiſſent faire de la pei- » ne, il a tenté de leur ſubſtituer » du ſable, en retenant cependant » les avantages de la conſtruction de » ſes autres Fontaines; & le moyen » qu'il propoſe conſiſte, 1°. A bri- » ſer en deux ou trois parties le » vaiſſeau deſtiné à cet uſage, & » qu'il ſe propoſe de faire de plomb

» ou de terre ; ce qui procure une » extrême facilité de nétoyer le dessous des planchers, & une très-grande commodité pour le transport, les piéces étant telles, qu'on » peut les faire entrer les unes dans » les autres. 2°. A mettre au-dessus » du sable une espece de couvercle » à rebord, qui reçoive le premier » dépôt de l'eau, & empêche le sable de s'envaser aussi promptement » que dans les Fontaines ordinaires. » 3°. A ne permettre à l'eau déja filtrée au travers du sable, le passage dans le réservoir, qu'au travers » d'une boëte fermée de deux couvercles, & remplie de sable plus » fin, & extrêmement foulé.

» Ces moyens nous ont paru ingénieux, & nous ne doutons nullement que le Public n'en retire de » l'utilité. *Signez*, DE REAUMUR, » *&* DE FOUCHI.

Je certifie le présent Extrait conforme à l'Original, & au Jugement de l'Académie. A Paris ce 29. *Août* 1748. Signé, GRANDJEAN DE FOUCHI, Secrétaire perpétuel de l'Académie Royale des Sciences.

Voilà, MONSEIGNEUR, l'utilité publique bien constatée par une foule d'expériences, attestées par un Jugement autentique de l'Académie; & voici les avantages nouveaux que trouvent ceux qui ont fait usage de mes Fontaines, avant & depuis ce dernier Jugement. 1°. La limpidité de l'eau. 2°. La quantité à volonté. 3°. La commodité du transport dans les armées, sur les vaisseaux, en voyage, & dans le cas d'un déménagement. 4°. La facilité de les nétoyer par un robinet de décharge, sans les déplacer; même d'y laver les éponges, ou le sable, & dans la Fontaine même. 5°. Un volume arbitraire. 6°. Un prix à la portée des besoins & des facultez d'un chacun. 7°. Nulle dépense d'étamage. 8°. Nul recoin de caché. 9°. Nul danger du verd-de-gris redoutable.

II.

Sur le choix & la différence essentielle qu'il faut faire entre les Fontaines formées de cuivre, de fer, de plomb ou d'étain : où il est parlé des vaisseaux de bois préparez à l'effet de conserver l'eau, principalement sur mer & en passant sous la Ligne ; & du bien qui reviendroit aux Troupes du Roi sur mer & sur terre, de faire filtrer l'eau dans une Fontaine d'abondance, capable de fournir toute l'eau nécessaire à un Equipage, & à tout un Régiment.

DE toutes les utilitez, ce me semble, la plus grande est celle qui tend à prolonger la vie de l'homme, en évitant les accidens fâcheux. Je laisse donc tous les avantages de mes Fontaines, & je me réduits uniquement à la salubrité des vaisseaux & des filtres : ainsi, MONSEIGNEUR, il ne me reste qu'à répondre à ce que V. E. m'a fait l'honneur de me demander ſur le choix des filtres en ſable ou en éponge, & des vaiſſeaux deſtinez à conſerver l'eau purifiée.

J'aurois pû pratiquer mon filtrage dans les vaiſſeaux de cuivre, avec beaucoup moins de danger que dans les Fontaines ordinaires. La conſtruction de mes vaiſſeaux eſt toute différente : en les ouvrant on en voit tous les recoins, & la moindre tache de verd-de-gris paroiſſant, on pourroit y remédier avec plus d'attention & de facilité. Mais le cuivre ne doit pas être employé pour conſerver l'eau qui entre dans le corps de l'homme. Que d'accidens ! Combien de perſonnes ont péri, ou failli périr par la boiſſon des eaux impregnées de verd-de-gris ? Je ſuis même ſurpris que ces accidens ne ſoient pas plus fréquens : il n'eſt perſonne qui ne connoiſſe le danger de cet ennemi domeſtique ; on ſe tient ſeulement en garde. Les peres de famille & les domeſtiques en charge font laver & rétamer aſſez ſouvent ; mais quelque grand ſoin qu'ils ayent, on voit toûjours le poiſon s'annoncer par la couleur qui perce, & qui couvre la blancheur de l'étamage.

Le danger eſt encore plus grand en deſſous des planchers ; c'eſt là le magaſin du verd-de-gris ; & comme on ne le voit pas, on ne le craint pas ; mais ces recoins cachés ſont bien plus à craindre. Il en eſt de même des couvercles qui arrêtent & qui couvrent le ſable : ils ſont étamés des deux côtés, parce que l'eau les touche par-tout. Comment veut-on après cela que le cuivre ſi facile à ſe diſſoudre, n'engendre pas le verd-de-gris, étant enſeveli dans l'eau, & aſſailli des deux côtés ? auſſi j'ai vû des couvercles ſur leſquels on auroit dit, qu'un Barbouilleur avoit paſſé une couche à l'huile de couleur verte.

A l'égard du danger qui réſulte de cette couleur, il n'eſt pas beſoin, après ce qu'en a dit M. de Reaumur, que je cherche des garants de mon opinion parmi les Minéraliſtes. V. E. eſt d'ailleurs aſſez convaincue par les lectures qu'elle a faites à cet égard. J'ai ſeulement l'honneur de lui obſerver ce qu'en a dit M. Maquer, Docteur-Régent de la Faculté de Médecine de Paris, & de l'Académie Royale des Sciences, dans ses Elémens de Chymie théorique, pag. 101. où il dit que » la » rouille du cuivre prise intérieure- » ment est extrêmement nuisible, & » est un vrai poison. »

Mais pourquoi & comment cette rouille se détache-t-elle du cuivre? » C'est, dit le même M. Maquer, la » grande facilité qu'a le cuivre à être » dissous, qui le rend susceptible de » la rouille, qui n'est autre chose que » les parties de la superficie qui sont » rongées par quelques parties sa- » lines de l'air & de l'eau qui la tou- » chent. »

On a bien tâché d'éviter cette dissolution du cuivre par l'étamage; mais qu'est-ce que l'étamage? C'est une pellicule, ou feuille d'étain très-légère, qui s'applique sur le cuivre par le moyen du feu & de la résine. Le cuivre comme le fer ne peut pas prendre plus d'étain qu'il ne lui en faut; & si l'on y regarde de près avec un mycroscope, on découvre les pores de l'étain: c'est donc par le moyen de ces pores que l'eau s'insinue, & va toucher le cuivre. La dissolution à la vérité n'est pas si considérable avec l'étamage, mais elle est toûjours inévitable, & toujours dangereuse.

Je sçais bien, MONSEIGNEUR, qu'on n'entend pas dire tous les jours qu'un tel est mort empoisonné par l'eau de sa Fontaine de cuivre; mais en voici la raison: l'attention qu'on a sur une Fontaine de cette espèce, & une eau toûjours nouvelle qui y passe journellement, ne donnent pas le temps à l'eau de s'impregner de verd-de-gris au point de lui donner l'effet d'un poison subit; mais voici ce qui arrive.

Une Fontaine de cuivre, principalement négligée, donne à l'eau une méchante qualité assez voisine du poison, qui produit des effets différens, suivant la diversité des âges & des tempéramens. Les enfans dont la tissure est plus fine & plus délicate, reçoivent d'abord avec leur boisson les semences de plusieurs maladies qui se développent tôt ou tard, suivant que leur constitution eſt plus ou moins forte. Le verd-de-gris eſt un véritable Prothée, qui ne ſe manifeſte ſouvent qu'à la ſeconde génération : c'eſt un mauvais levain qui fait des progrès inſenſibles ; & de-là, comme de tous les méchans levains, viennent dans les adultes, & dans un âge plus mûr, les maladies du poumon, la paralyſie, l'apoplexie, la cachexie, les vapeurs, les paſſions hiſtériques dans les femmes, & pluſieurs autres maladies, ſuivant la diverſité des humeurs : & tel ou telle n'a apporté en naiſſant aucune diſpoſition à aucune de ces maladies, qui y tombe peu à peu, ſans s'appercevoir de la cauſe éloignée. Dans tous ces cas on n'accuſe point une Fontaine de cuivre : l'uſage général tranquilliſe, & les malades périſſent ſans la ſoupçonner. En un mot, il s'agit ici d'un point de fait vrai : le verd-de-gris eſt un poiſon qui tue, ou qui mine l'homme, étant pris en plus grande ou en moindre quantité. Bien des gens ont des maux de cœur, de légères incommoditez, & enfin des maladies ſérieuſes, qu'ils attribuent à toute autre cauſe qu'à la doſe de poiſon qu'ils prennent journellement dans leur boiſſon ou dans leurs alimens.

Combien de belles Dames encore ont le déſagrément d'avoir leurs dents gâtées : c'eſt l'air de Paris qu'on accuſe de ce méchant effet ; mais ne ſeroit-ce pas auſſi l'eau impregnée de verd-de-gris, qui produit cet effet inſenſiblement ?

Le Bourgeois eſt ordinairement plus attentif aux uſtenciles qu'il a toûjours ſous ſes yeux ; avec cela pourtant il eſt expoſé au danger : on en a vû périr par leur négligence à faire retamer. A combien plus forte raiſon les Seigneurs & les Dames ? Leur vie ou leur ſanté dépendent de l'inattention, ou de la négligence d'un Maître-d'Hôtel, de la même façon que ſur mer, on dépend d'un Pilote ignorant ou peu attentif. S'il y avoit un moyen aſſûré, pour ne pas craindre la faute d'un Pilote, on le ſaiſiroit. Je propoſe pluſieurs moyens aſſûrez pour ne pas craindre l'effet d'un métal redoutable ; je trouve des Critiques : d'où vient cela ? C'eſt que les meilleures choſes ont des ennemis cachez, qui méprisent l'utilité publique, par le seul plaisir de nuire aux Inventeurs.

Cependant il est constamment vrai que les Fontaines de cuivre sont comme un champ semé d'un poison très-dangereux, que l'eau fait pousser, & qui se mêle avec elle, quelque grand soin que l'on en ait. Dans les temps où la Marne verse son limon dans la Seine, ces Fontaines, comme j'ai déja eu l'honneur d'observer à V. E. ne donnent qu'une eau louche. Si l'on veut l'avoir limpide, il faut verser l'eau d'une première Fontaine dans une seconde; c'est-à-dire, que pour la purger de tout limon, il faut la charger doublement des parties métalliques du cuivre, & payer ainsi doublement la vûe d'une eau brillante dans le verre, par une double doze de poison, & par l'achat de deux Fontaines nécessaires à cet effet. Si on n'a qu'une Fontaine sablée, le filtrage en étant imparfait, il en résulte toujours un mêlange de limon & de verd-de-gris; & enfin ces sortes de Fontaines étant négligées, deviennent mortelles.

Vous

Vous n'ignorez pas, MONSEIGNEUR, que Madame la Marquise de B*** & Madame la Comtesse de M*** ont failli périr, & plusieur Domestiques avec elles. Des Communautés Religieuses, des Familles entieres, ont été dans le même cas, il y a eu des malades & des morts ; & il y en aura encore, sans qu'on pense au verd-de-gris ; il y a un pli : malheureusement le Public y est accoûtumé ; mais faut-il canoniser les mauvaises coûtumes ?

Je ne veux pas cependant donner comme une décision ce que je dis sur une matière que je ne connois que par le sens commun ; mais je crois que si on consulte Messieurs les Médecins, ils ne désapprouveront pas tout-à-fait ce que j'ai l'honneur d'observer à V. E.

Mon principal objet a donc été d'effacer un méchant pli, en supprimant un métal redoutable dans les cuisines. L'argent ne seroit pas même plus salutaire ; il produit encore le verd-de-gris, attendu l'alliage du cuivre qui s'y trouve ordinairement :

& si le verd-de-gris pousse au travers de l'argent, qui est plus dur que l'étain, avec combien plus de facilité ne pousse-t-il pas au travers de l'étamage du cuivre? Mais il n'est pas besoin d'exciter la terreur sur l'argent, il est assez terrible par sa cherté.

J'ai cependant vû un Particulier de Paris, qui a fait former une Fontaine de plomb pris chez un Plombier, avec un robinet d'argent; mais il n'a rien gagné au change, & je crois qu'on peut se servir de robinets de cuivre, pourvû qu'il n'y ait que la partie du milieu avec la clef qui sert à retenir ou à donner l'eau, & que tout le reste soit en étain. On peut bien se servir de robinets de bois; mais ils ne durent pas, & quelquefois ils laissent fuir l'eau. On pourroit bien encore faire des robinets d'étain, ou d'une composition; mais ils ne valent rien, du moins selon l'expérience que j'en ai faite; j'ai trouvé que l'étain ou la composition ne donnent pas assez de dureté pour la durée & pour la solidité. Je n'en dis pas davantage sur les vaisseaux & les robinets de cuivre: ce métal est redouté par les bons connoisseurs, & conséquemment il est redoutable pour le Public.

Les vaisseaux de fer étamés seroient les plus sains; mais le fer se dissout dans l'eau comme le cuivre; & quoique la rouille du fer soit amie de la santé, néanmoins elle donneroit à l'eau une couleur désagréable, & bien des gens ne s'en accommoderoient pas, d'autant mieux que ces vaisseaux de fer dépériroient tous les jours.

On peut donc faire usage du plomb au lieu du cuivre & du fer, & donner cependant la préférence à l'étain; mais le plomb trouve encore bien des difficultez de la part des Critiques, malgré l'usage qu'on en a fait de tous les temps.

Ils disent que l'eau dissout la superficie du plomb, comme celle du cuivre; que de cette dissolution il en résulte toûjours des parties métalliques; & que cette considération fait que bien des personnes dans Paris ont du rebut pour les eaux qui ont passé par des tuyaux de plomb.

Mais que fait cette objection? Les Critiques devroient du moins indiquer un métal parfait & indissoluble par l'action des parties salines de l'air & de l'eau : c'est de quoi je puis les défier hardiment ; il n'y a que l'or à vingt-quatre Karats qui soit un métal parfait ; mais où trouveront-ils des Particuliers qui fassent faire des Fontaines d'or à vingt-quatre Karats? Les objections ridicules conduisent nécessairement à la dérision.

Il faut donc se réduire à la possibilité, & je dis sans craindre aucune replique sensée, que si de nécessité absolue, le Public a besoin de Fontaines pour l'usage journalier de l'eau ; s'il faut pour la solidité, que ces Fontaines soient de quelque métal : il faut nécessairement choisir les plus sains, & le plus à portée des facultez d'un chacun.

Le plomb est moins cher que l'étain : les Minéralistes distinguent ces deux métaux par étain noir & étain blanc. Le premier est moins cher, parce qu'il est moins dur & moins propre que l'autre. C'est le prix qui fait qu'il est d'un usage si fréquent ;

mais il ne présente aucun des dangers résultans de cuivre.

Il faut bien qu'il n'y ait pas du danger ; c'est tout simple d'après l'expérience universelle : les eaux céphaliques dans une éponge, les opiates, les orviétans sont confiés au plomb. Les réservoirs & les tuyaux des Fontaines publiques sont de plomb ; une balle reste dans le corps de l'homme sans lui nuire ; on tue le gibier avec des dragées de plomb, que l'on avalle quelquefois, en mangeant un Levraut ou une Perdrix : enfin on plombe les dents gâtées. S'en fieroit-t-on au cuivre dans tous ces cas ? sans contredit les effets en seroient effroyables.

D'ailleurs l'Académie a jugé que mes Fontaines étant formées de plomb, *il n'y a aucun inconvénient à craindre.* Les Magistrats politiques, qui veillent à la santé publique, les personnes du public le plus distingué, qui reçoivent dans leurs Hôtels l'eau d'Arcueil ou de la Seine, se servent de réservoirs & de tuyaux de plomb. En faut-il davantage pour rendre l'objection inutile & méprisable ?

V. E. peut cependant remarquer la très-grande différence qu'il y a du cuivre au plomb. Le cuivre ſe diſſout très-facilement dans l'eau, dans l'huile & dans toute matière graſſe; ſa diſſolution eſt un vrai poiſon, plus on moins à craindre ſelon ſa quantité. Le plomb au contraire ſe diſſout ſeulement par l'attouchement de l'eau, mais infiniment moins que le cuivre; & ſa diſſolution imperceptible dans ce cas n'eſt conſiderée comme poiſon par aucun Minéraliſte : pour bien ſentir cette différence, il n'y a qu'à faire l'expérience ſuivante.

Qu'on laiſſe une Fontaine de cuivre avec le ſable mouillé, quand on va pour quelques mois en campagne; on pourra la trouver au retour rongée par l'eau, & criblée dans toute la circonférence qui contient le ſable mouillé. Cela dépend du temps, & de l'épaiſſeur plus ou moins forte du cuivre. Je parle toûjours d'après l'expérience. J'ai vû de mes yeux une Fontaine criblée, au retour d'un Maître, qui la fit porter tout de ſuite au chauderonnier, pour la lui vendre au poids.

Qu'on laiſſe au contraire une Fontaine de plomb avec le ſable mouillé de même, pendant vingt ans, ſi l'on veut, on la trouvera ſaine & entière après ce long eſpace; & il en ſeroit de même après pluſieurs ſiècles.

Bien plus; un ſçavant Anglois, qui a l'honneur de conférer ſouvent avec un grand Prince, m'a écrit, qu'à Londres on a fait l'expérience que le poids du plomb expoſé à l'air & à l'eau, loin de diminuer, s'augmente. Je croirois cependant qu'il y a du mal entendu, & que cette augmentation de poids ne peut venir que des parties hétérogènes de l'air & de l'eau, qui s'attachent à la ſurface du plomb : quoi qu'il en ſoit, il n'eſt pas moins vrai que la diſſolution du plomb eſt infiniment moindre que celle du cuivre; & d'ailleurs nullement dangereuſe, attendu l'infiniment petite quantité.

Il eſt vrai que comme des meilleures choſes, on en tire des poiſons par des opérations de chymie; & que par contraire des plus mauvaiſes, on en tire de grands remédes pour la guérison des maladies ; on peut tirer un poison du plomb par la dissolution de ce métal combiné avec la vapeur des acides du vinaigre : c'est ce que les Minéralistes appellent céruse ; mais la génération de cette céruse n'est pas à craindre dans une Fontaine, où l'eau seule ne fait pas l'effet d'une opération chymique avec les acides du vinaigre spiritualisez par le feu.

Tout ce qu'on peut reprocher aux vaisseaux de plomb, c'est qu'ils engendrent quelque limon à la longue, par le séjour de l'eau ; mais il est facile d'entretenir la propreté de ces vaisseaux, en les faisant laver & rincer quelquefois avec une éponge, pour emporter ce qui peut avoir été attendri sur leur superficie, par l'action des parties salines de l'air & de l'eau.

Ce lavage qu'on pratique même aux Fontaines de cuivre, pour emporter le verd-de-gris avec un décrotoir de crin, est beaucoup plus facile dans mes Fontaines ; on en voit tous les recoins, l'œil & la main vont par-tout ; & cette opération s'y fait t ſans les déplacer, & ſans aucune dépenſe.

Tout eſt eſſentiel quand il s'agit de la commodité & de l'utilité publiques. Remarquez, MONSEIGNEUR, que la facilité du lavage de mes Fontaines ſans aucune dépenſe, eſt un appas qui engage à entretenir la propreté des vaiſſeaux les plus néceſſaires à la vie ; mais il n'en eſt pas de même des Fontaines de cuivre : l'embarras, la difficulté & la dépenſe du lavage & du rétamage, font reculer aſſez ſouvent ces opérations néceſſaires ; & de-là vient qu'on voit tant de Fontaines de cuivre à Paris qui portent la ſemence de pluſieurs maladies, qu'on ne leur attribue pas.

A propos du lavage des Fontaines, voici l'expérience que j'ai faite. J'ai vû laver devant moi une Fontaine de cuivre chargée de verd-de-gris ; un porteur-d'eau la frotta à force avec un décrotoir de crin ; mais il ne put jamais arracher cette couleur verdâtre, qui étoit comme incruſtée avec l'étain ſur le cuivre. J'ai enſuite fait laver une Fontaine de plomb avec une éponge ſeulement ; & toutes les ordures du plomb ont diſparu.

De-là, MONSEIGNEUR, je conclus en premier lieu, que les Fontaines de plomb ſont plus faciles à nétoyer que les Fontaines de cuivre. En ſecond lieu, que quand l'étain des Fontaines de cuivre eſt verdâtre, c'eſt ſigne que le verd-de-gris en a percé tous les pores, & que le décrotoir de crin eſt inſuffiſant pour arracher un poiſon qui a dès-lors une infinité d'iſſues, pour ſe communiquer à l'eau : ainſi je crois que ceux qui ſont entêtez pour les Fontaines de cuivre, principalement les femmes d'un certain état, qui ſe croiroient démeublées ſi elles ne voyoient briller le cuivre dans leurs cuiſines, doivent au moins laiſſer le décrotoir de crin, & faire rétamer plus ſouvent.

Au reſte les vaiſſeaux de plomb ſeront abſolument propres, quand je les ferai former de plomb d'Angleterre, qui eſt beaucoup plus doux & meilleur que celui de France. On trouve l'un & l'autre à la Manufacture du plomb laminé ; & je me suis attaché, pour conserver l'usage indispensable de ce plomb, à corriger beaucoup l'action de l'air & de l'eau, par un vernis que je lui donne, & qui en empêche la dissolution. Je me sers pour cela d'une drogue très-saine, dont je donnerai le secret au Public, si je puis parvenir un jour à l'objet que je me suis proposé. Chaque particulier pourra faire donner ce vernis à sa Fontaine, lorsqu'il l'aura fait laver, & il ne lui en coutera que cinq ou six sols à chaque fois. Voici maintenant les expériences que j'ai faites à ce sujet : elles sont singuliéres, & dignes de remarques.

J'ai donné ce vernis à une Fontaine de cuivre : le verd-de-gris l'a percé. J'ai donné le même vernis à un vaisseau de plomb, & je n'ai vû paroître aucune ordure. J'ai fait la même opération dans un vaisseau de fer-blanc, & la rouille n'a pû pénétrer le vernis. Enfin, j'en ai fait autant dans un vaisseau de bois, après l'avoir pesé ; & j'ai trouvé que le vernis empêche le passage de l'eau au travers des pores & des fibres de bois.

Voici la preuve par une autre expérience. J'ai versé l'eau qui avoit resté huit jours dans ce vaisseau de bois, je l'ai bien essuyé avec un linge, je l'ai pesé de nouveau, & j'ai trouvé le même poids.

De toutes ces expériences je conclus deux choses essentielles. La première, que le verd-de-gris est extrêmement corrosif, puisqu'il perce le vernis, que les ordures du plomb & la rouille du fer ne peuvent percer; & la seconde, que le vernis empêche invinciblement le passage de l'eau dans le bois.

Concevez, s'il vous plaît, MONSEIGNEUR, l'utilité de cette découverte, quoique très-simple, le pauvre peut avoir une Fontaine de fer-blanc à très-grand marché. Il en est de même des Fontaines de bois; & l'une & l'autre ne laissent à craindre aucun danger d'aucune partie métallique.

A l'égard des vaisseaux de bois; l'opération se fait en deux façons: il y en a une plus couteuse de beaucoup que l'autre; mais elle est faite pour toujours, & je crois que des vaisseaux de bois ainsi préparez seroient très-utiles sur mer ; on éviteroit du moins le goût de moisissure, & les mauvaises qualitez que l'eau peut contracter par la dissolution du bois, qui tend toûjours à la corruption.

Il est vrai que le chêne se nourrit dans l'eau ; mais pas moins il lui communique un goût à la longue. Il n'en est pas de l'eau comme du vin ; celui-ci a des parties spiritueuses qui empêchent la corruption : l'eau bien au contraire est un dissolvant qui corrompt les corps poreux qu'elle touche, & qui lui communiquent ensuite leur corruption.

V. E. sera peut-être bien aise de connoître une objection qui m'a été faite sur l'eau, qui se porte sur mer dans les voyages de long cours : & ceci répond à ce qu'elle m'a fait l'honneur de me demander à ce sujet.

On me dit que ce n'est pas le bois qui gâte l'eau en passant sous la Ligne ; que c'est au contraire la chaleur de l'air, & les insectes dont il est rempli, qui laissent tomber leurs œufs ; que ces œufs imperceptibles portez çà & là par le vent, s'insinuent comme fait la poussiere dans les futailles, & que venant à éclorre dans l'eau, ils engendrent cette corruption, dont les Marins se plaignent, & qui leur cause souvent de grandes maladies, & quelquefois la mort.

Je réponds à cela que les insectes ou les œufs qui éclosent dans l'eau, ne peuvent que la corrompre ; mais qu'il est facile d'y remédier, en tenant les futailles bien scellées: avec cette précaution cependant on ne pourroit jamais éviter le mauvais goût & la mauvaise qualité que l'eau contracte dans un vaisseau de bois, en y séjournant long-temps. Je me souviens d'avoir lû dans Boërhave une chose que peu de gens sçavent : c'est que l'eau bien pure est incorruptible par elle-même, & que mise dans un vaisseau de verre hermétiquement scellé, elle est aussi bonne après un siécle, qu'elle l'étoit auparavant.

C'est à propos de ce que j'avois lû dans Boërhave, qu'étant encore en Provence, je fis un voyage à Marſeille, pour conſulter des gens de mer. Entre pluſieurs perſonnes, je trouvai un Capitaine de vaiſſeau, qui m'aſſûra avoir expérimenté, que l'eau bien ſcellée dans une bouteille s'étoit conſervée au paſſage de la Ligne : ſuppoſé donc que ce Capitaine ne m'ait point abuſé.

D'où vient cela ? C'eſt que les parties ſalines de l'air n'agiſſent point ſur l'eau bien ſcellée, & que les parties ſalines de l'eau ne peuvent agir ſur le verre ; & je crois qu'il en eſt de même de la terre de grès, de la fayence, & de toute autre matière vitrifiée par l'action du feu.

Je conclus donc qu'un vaiſſeau de bois bien préparé, de façon que les parties ſalines de l'eau ne puiſſent ni le pénétrer, ni le ronger ſur la ſuperficie, conſervera également l'eau, même en paſſant ſous la Ligne, pourvû qu'il ſoit bien ſcellé, afin d'éviter le concours des deux actions des parties ſalines de l'air & de l'eau.

La même expérience ne réuſſiroit pourtant pas dans un vaiſſeau de bois qui ne ſeroit pas préparé ; on auroit beau le ſceller, les parties ſalines de l'air & de l'eau feroient toûjours leur effet : la raiſon en eſt que le bois eſt fort poreux ; d'autre part l'eau eſt un puiſſant diſſolvant, qui s'inſinue dans tous les pores & les fibres du bois, & qui fait paroître ſa fraîcheur & ſon humidité en dehors ; enſorte que ces parties ſalines étant très-ſubtiles, elles viendroient à la rencontre les unes des autres, & produiroient toûjours le même effet.

Il n'y a donc qu'à boucher les pores du bois : ſi je rends ſa ſuperficie inſenſible aux parties ſalines de l'eau, voici ce qui arrivera ; ſi le vaiſſeau eſt bien ſcellé, l'eau, comme j'ai déja dit, s'y conſervera parfaitement. S'il n'eſt pas ſcellé, elle s'y conſervera auſſi long-temps que dans tout autre vaiſſeau non ſcellé. Mais il faut au premier cas qu'elle ſoit bien purifiée ; car ſi elle eſt impregnée de limon, elle peut ſe corrompre par cela ſeul ; ſur-tout quand ce limon remonte par le balancement & les ſecouſſes de la tourmente, & vient à ſe remêler dans l'eau.

Ainſi je crois qu'il conviendroit

beaucoup à la ſanté d'un Equipage de faire filtrer l'eau, & ſucceſſivement celle de chaque vaiſſeau, avant que de le ſceller; & je penſe avec quelque fondement qu'un homme deſtiné au ſoin du filtrage, ſeroit auſſi néceſſaire à un Equipage qu'un excellent Médecin : il éviteroit les maladies qui viennent des eaux corrompues, & auxquelles le Médecin abſent ne peut ſûrement pas remédier. Si celui-ci peut guérir les malades préſens, celui-là du moins préviendroit les maladies que peuvent cauſer les eaux corrompues.

La même pratique ſeroit encore très-utile en temps de guerre. Au commencement de la derniere campagne j'eus l'honneur d'en parler à M. le Chevalier de B... je lui propoſai une Fontaine de fer-blanc, ou de bois préparé pour l'armée de Flandres. Une ſeule de ces Fontaines auroit ſuffi pour chaque régiment, pour purifier toute l'eau néceſſaire dans un pays où elle eſt ordinairement fort ſale; & on auroit évité par-là bien des maladies aux ſoldats; mais le retard de mes afſaires m'a empêché de ſuivre cet objet. Quelques Officiers m'ont demandé des Fontaines de poche, que je leur ai fait faire : d'autres m'en ont demandé de plus grandes, pour emporter dans leur maſles, ou dans leurs chaiſes de poſte. J'ai même eu la commiſſion de M. le Duc de.... pour qui j'en avois fait faire pluſieurs, d'en faire préparer juſqu'à deux cens, pour des Seigneurs de ſa connoiſſance.

Je reviens maintenant aux vaiſſeaux de plomb, & je crois que bien qu'on puiſſe s'en ſervir ſans danger, il convient cependant de donner la préférence à l'étain.

Ce métal eſt beaucoup plus dur que le plomb, il ſe diſſout plus difficilement, & le mercure y eſt plus fixe & plus reſſerré. Je ne puis en apporter de meilleure preuve, que l'uſage où étoient Meſſieurs les Apoticaires avant l'invention de la fayance ; ils ſe ſervoient de vaiſſeaux d'étain, préférablement à tous les autres : conſéquemment s'il convient de former des Fontaines de quelque métal, l'étain bien que moins ſain que le fer, paroît le plus propre, parce qu'il n'eſt point ſujet à la rouille.

Il eſt vrai qu'une Fontaine d'étain en table ſeroit plus chere qu'une Fontaine de cuivre, ſur-tout ſi on vouloit l'enfermer dans un vaiſſeau de bois, pour la défendre de l'imprudence des domeſtiques, ce qui feroit une double dépenſe : mais du moins elle ſeroit plus ſolide, plus ſaine, & plus propre intérieurement, & nullement ſujette au retamage. Ces raiſons qui ſont excellentes pour les gens ſenſez, n'empêchent pas le grand nombre de ſe ſcandaliſer de la cherté ; mais eſt-il d'œconomie plus mal placée ? Je vois des meubles ſomptueux : rien n'eſt cher quand il s'agit du faſte. S'agit-il de la ſanté ? Je n'entends que des morales ſur l'œconomie. On préfere un bijou inutile à l'uſtancile la plus eſſentielle. Un Pantin, dont les débris vont aux balleyûres, a fait ouvrir les bourſes dans ſon temps ; une Fontaine de ſanté les reſſerre.

Pour moi je diſpoſe hardiment de la bourſe des gens raiſonnables, &

en état de faire de la dépenſe ; & je leur conſeille de faire former des vaiſſeaux de cuivre par les Chaudronniers, ſuivant les modéles que j'en donnerai. Je ferai enſuite jetter des Fontaines d'étain en table, dans ces vaiſſeaux de cuivre ; & au lieu que dans les Fontaines ordinaires l'eau ne filtre qu'au travers d'un pied de ſable, je diſpoſerai mes filtres de façon, que l'eau paſſera, ſi l'on veut, dans ſix pieds de ſable ; & conſéquemment une de ces Fontaines purifiera l'eau cinq fois plus qu'une Fontaine ordinaire. Dans les temps où la Marne verſe ſon limon dans la Seine, une ſeule ſuffira ; & ſi elle devient plus chère, du moins elle contentera le goût de ceux, ou de celles qui aiment à voir briller le cuivre dans leurs cuiſines. Elle renfermera toutes les commoditez dont j'ai parlé ci-deſſus ; & c'eſt une uſtencile qui paſſera aux arrières-petits fils, ſans aucune dépenſe intermédiaire.

Mais comme chaque particulier ne peut pas faire la même dépenſe ; je me ſuis appliqué à contenter le goût, les facultez & l'avarice d'un chacun,

& j'ai trouvé plusieurs autres secrets à force de recherche.

1°. J'étame le bois par le moyen d'un feu doux. Une Fontaine de cette espece ne coûtera pas tant qu'une Fontaine de cuivre ; mais l'étamage, quoique plus fort est sujet au dépérissement. Tout l'avantage qu'il y auroit en cela, c'est la suppression du verd-de-gris, qui est le grand point, & que les retamages seroient beaucoup plus éloignez.

2°. J'étame le fer-blanc en deux façons. J'y applique une feuille d'étain, avec un feu médiocre ; & je le charge de demi-ligne, ou d'une ligne d'étain, avec un feu violent. La dépense de ce dernier est assez considérable. Ella va plus loin que celle du cuivre ; mais du moins, j'en reviens toujours là, il n'y a pas de poison à craindre, ni aucune sujetion aux rétamages.

De tous les métaux, l'étain est donc celui qui convient le plus, à l'exception de l'or qui est très-sain, mais impraticable.

Voici maintenant l'objection qu'on me fait sur les Fontaines d'étain en table.

On me dit qu'une Fontaine de cuivre porte toujours partie de ſon prix, quand on veut la revendre ; & qu'il n'en ſeroit pas de même d'une Fontaine d'étain.

Je réponds à cela que les Fontaines de cuivre coûtent quarante-trois ſols la livre. Si on en fait uſage pendant vingt ans, il faut les gratter à chaque étamage : enſorte qu'elles deviennent preſqu'à rien. Si au déchet des gratures, on joint le déchet de l'étain & du plomb qu'on achete ſur le pied du cuivre neuf ; ſi on ajoute encore les frais du rétamage & du lavage de ſable, on trouvera après vingt ans, que la revente du cuivre à dix-huit ou vingt ſols la livre, paye à peine toutes ces pertes.

Au contraire, une Fontaine d'étain en table durera dix fois plus, ſans aucune ſujettion de tous ces frais intermédiaires ; & ſi l'on compte bien, après deux ſiécles, elle produira toûjours dans la revente, beaucoup plus que pluſieurs Fontaines qui auront été vendues & renouvellées dans un ménage.

Enfin, j'ai trouvé le ſecret de former des Fontaines de ſayance, de grès, ou de verre, dans des caiſſes de bois, & d'y placer des filtres très-commodes. Elles ſont ſolides, d'un prix arbitraire ſuivant leur volume; & les plus ſaines de toutes, comme l'obſerve Mizaud, Centurie 4, nom. 88, ce ſont celles dont je crois que les amateurs de leur ſanté doivent ſe ſervir: & comme V. E. me fait l'honneur de me demander mon ſentiment ſur le choix des filtres; je crois, MONSEIGNEUR, que quiconque veut ne courir aucun riſque dans l'uſage indiſpenſable de l'eau, doit avoir une de mes Fontaines ſablées dans la cuiſine, & une autre de ſayance, de grès ou de verre dans l'office.

Les éponges conviennent fort à ces dernières: c'eſt le filtre le plus puiſſant & le plus ſain. C'eſt celui que l'Académie approuve d'après pluſieurs expériences faites par le Public le plus diſtingué; c'eſt celui que de très-ſçavans Médecins de Paris adoptent pour leur uſage, & qu'ils conſeillent aux perſonnes qui prennent leur avis. Il n'en eſt aucun qui ſoit ſi commode, & qui épure l'eau ſi parfaitement. Tout ne conſiſte qu'à ſçavoir appliquer les éponges; mais il ne faut pour cela qu'une leçon d'un demi quart-d'heure: ſi mon Privilége étoit enregiſtré, les porteurs-d'eau & les raccommodeurs de fayance ſeroient bien-tôt au fait de cette opération, qui eſt beaucoup plus courte & plus facile que le lavage du ſable.

A l'égard du goût que l'éponge laiſſée à ſec peut donner à l'eau dans les Fontaines militaires, ou deſtinées pour les voyageurs, V. E. ſçait qu'au moment qu'on veut s'en ſervir, il n'y a qu'à les faire repouſſer, les bien laver, & les remettre en place. C'eſt une très-grande commodité, quand on voyage dans des pays où les eaux ne ſont pas limpides, & dans d'autres où elles ſont mauvaiſes par leur viſcoſité: on ne peut pas porter dans une chaiſe de poſte une Fontaine ſablée, ni une pierre poreuſe; & l'on peut porter dans la poche, ſi l'on veut, une de mes Fontaines à éponges.

A l'égard des autres Fontaines, ſoit maritimes ou fixes dans un office, ce, & dans leſquelles les éponges ſont toûjours dans le fond de l'eau, le goût de marécage n'eſt pas à craindre par l'inattention des domeſtiques qui pourroient les laiſſer à ſec; V. E. a vû qu'en ſoûtirant toute l'eau par le robinet, il en reſte toujours aſſez pour tenir les éponges couvertes.

Peu importe après cela qu'on laiſſe mes Fontaines à ſec; il n'en eſt pas de même des Fontaines ordinaires: ſi on les laiſſe ſans eau, le ſable s'empuantit, par le moyen de la vaſe qui fermente; & j'évite ce défaut eſſentiel, tant à l'égard du ſable que des éponges.

Remarquez donc, MONSEIGNEUR, s'il vous plaît, que la premiere filtration ſe fait dans la Fontaine ſablée de la cuiſine, où elle laiſſe tout ſon limon. C'eſt delà qu'on doit la faire tirer pour la Fontaine de l'office. C'eſt là qu'elle ſe rafine, & devient pour la table très-brillante & très-ſaine.

III.

Sur la dissolution de la superficie des pierres poreuses & du sable, par l'attouchement des parties salines de l'air & de l'eau : & sur le moyen facile qu'il y a pour éviter le principe pétrifiant qui se communique à l'eau par cette dissolution.

JE finis avec cette observation digne de remarque. Les pierres poreuses sont accusées d'un principe pétrifiant. D'où vient cela ? C'est que les parties salines de l'air & de l'eau agissent sur la pierre, comme sur les métaux. Par même raison, il doit se faire une dissolution imperceptible du sable destiné au filtrage ; & l'on peut dire conséquemment, que le principe pétrifiant qui se trouve dans l'eau des pierres poreuses doit se trouver également dans l'eau filtrée au travers du sable. Ce principe pétrifiant par analogie, n'est donc autre chose que la superficie dela pierre ou du ſable, qui s'attendrit & ſe diſſout par l'action des parties ſalines de l'air & de l'eau.

Voilà pourquoi j'ai fait faire des Fontaines, où le premier filtre eſt en ſable, & le deuxième en éponges. Le ſable retient le limon, & l'éponge extrêmement ſerrée retient généralement tout ce qui eſt étranger à l'eau comme la diſſolution du ſable.

Voilà, MONSEIGNEUR, tous les éclairciſſemens que je puis donner à V. E. pour le préſent, en attendant que je ſois en état de mettre au jour le Livre qu'elle m'a permis de lui dédier. Je me flatte qu'il ſera fort utile au Public, pour le choix de mes Fontaines, ſuivant le goût & les facultez d'un chacun. Il ſera orné de cent figures, dont j'ai eu l'honneur de préſenter les deſſeins à V. E. avec des explications que je tâcherai de rendre bien claires, & qui ſeront fort utiles, non-ſeulement pour le ſervice du Roi & du Public, mais encore à pluſieurs Communautez d'Arts & Métiers qui ont beſoin d'une abondance d'eau pure; comme font les Marchands Limonadiers, les Teinturiers, les Boulangers, les Cabaretiers, les Blanchisseuses, & bieu d'autres.

Je ne peux pas donner de plus fortes preuves de l'utilité de mes Fontaines en plusieurs rencontres, pour me servir des termes de l'Académie, que le succès qu'elles ont eu. Toutes celles que j'ai fait faire pour les cuisines, pour les offices, & pour l'armée, ont été enlévées; & si j'en refuse à ceux qui m'en demandent aujourd'hui, c'est que n'ayant pas encore l'enregistrement de mon Privilége, je serois exposé à des saisies de la part des Communautez, qui veulent maintenant s'arroger le droit de contrefaire les différentes Fontaines qui ont été vendues. Les Imprimez qui ont été répandus dans le public, leur ont appris la façon de quelques petites Fontaines; mais ils ne sçavent pas l'essentiel: avec cela cependant, plusieurs ouvriers travaillent. Le Directeur d'une Manufacture m'a assûré, qu'il en connoît qui imitent mes Fontaines à alvéoles. De simples particuliers s'en mêlent à Verſailles & à Paris ; mes Aſſociez même, après m'avoir laiſſé abîmer de fatigues & de dépenſes, ſans vouloir & ſans pouvoir rien fournir, tâchent maintenant de profiter de mes travaux. J'ai des preuves par témoins & par écrit, qu'ils font travailler en ſecret.

Mais quel eſt le réſultat de cette voie de fait ? C'eſt une imitation imparfaite & bornée ; c'eſt le dommage du Public ſéduit & trompé. Les imitateurs ſçavent-ils ce qu'une longue expérience m'a appris ſur cette matière ?

Je ne veûx pourtant pas, MONSEIGNEUR, me glorifier en ceci d'un talent auſſi ruineux & auſſi pénible que celui des machines. Je ne ſens que trop par ma fatale expérience, que c'eſt le plus grand malheur qui puiſſe arriver à un homme. Le grand Paſcal s'explique là-deſſus bien clairement.

» Ceux, dit-il, qui ſont capables » d'inventer ſont rares. Ceux qui » n'inventent point ſont en plus » grand nombre, & par conſéquent » les plus forts ; & l'on voit que pour

» l'ordinaire, ils refusent aux inven-
» teurs la gloire qu'ils méritent, &
» qu'ils cherchent par leurs inven-
» tions. Si les inventeurs s'obstinent
» à la vouloir, & à traiter de mépris
» ceux qui n'inventent pas ; tout ce
» qu'ils y gagnent, c'est qu'on leur
» donne des noms ridicules, & qu'on
» les traite de visionnaires. Il faut
» donc bien se garder de se piquer
» de cet avantage, tout grand qu'il
» est ; & l'on doit se contenter d'être
» estimé du petit nombre de ceux
» qui en connoissent le prix. »

Je me borne donc là. Je ne cherche que votre estime, votre protection, & les occasions de vous prouver que je suis avec la plus vive reconnoissance, & le plus profond respect,

MONSEIGNEUR,

De V. E.

Le très-humble & très-obéissant
serviteur, AMY.

NOUVELLES OBSERVATIONS.

I.

Sur les dangers résultans des Fontaines de cuivre, & sur le prix, la commodité, & la salubrité des nouvelles Fontaines.

LE poison du verd-de-gris est universellement connu. Les plus petits écoliers sçavent fort bien ce que c'est : ils fremissent en le voyant ; ils le montrent au doigt : il est donc surprenant que la plûpart des hommes semblent vouloir guérir les enfans d'une juste opinion qu'ils leur ont inspirée eux-mêmes les premiers. En effet, les Boulangers, les Brasseurs de bierre, les femmes qui vendent le lait dans les rues, se servent de vaisseaux de cuivre. Le sel, le sucre, les fruits, la viande, & presque tous les alimens, ſont peſez dans des balances de cuivre : preſque toutes les préparations s'en font dans des vaiſſeaux de cuivre. Il ſemble que les hommes font gloire de ſe familiariſer avec le poiſon, de mettre, pour ainſi dire, la couleuvre dans leur ſein, de la rechauffer, & de riſquer ainſi une morſure vénimeuſe. Veulent-ils donc faire voir aux enfans effrayez, que l'avantage de l'âge viril conſiſte à manquer de ſageſſe ? Il eſt difficile de concevoir l'objet d'une telle conduite ; ſur-tout quand l'Académie & la Faculté de Médecine ne ceſſent de crier contre l'abus le plus marqué de la ſanté publique. Malgré cela, une partie du Public, qui ne croit pas qu'on puiſſe trouver des vaiſſeaux moins caſuels & de plus grand rapport dans la revente que les vaiſſeaux de cuivre, s'eſt ſervi juſqu'aujourd'hui de Fontaines formées de ce métal ; mais que de morts ſubites ! que de maladies inconnues ! que de ſimptômes affreux ! un grand volume ne ſuffiroit pas, pour repréſenter toutes les faces de ce prothée redoutable.

Il

Il eſt vrai qu'après tant d'exemples qu'on voit tous les jours, il n'eſt guère de maiſons à préſent où l'on ne penſe d'apporter du reméde à un ſi grand danger; mais la ſanté publique & les meilleures choſes, principalement nouvelles, trouvent ſouvent des hommes nouveaux, des émules de toutes les inventions, qui n'oſant paroître dans un ſi mauvais rôle, tirent des coups dans l'obſcurité, qui vont çà & là, qui parlent avec gravité, qui préviennent, qui raſſûrent les eſprits; mais ſi retenus d'ailleurs, qu'ils ſe gardent bien d'écrire.

Il eſt donc néceſſaire de démontrer publiquement le faux des objections que l'on me fait en ſecret; je commence par la plus ſingulière, qui m'eſt revenue de toutes parts, & à laquelle pluſieurs perſonnes de tous états ſe laiſſent entraîner de bonne foi; la voici :

» L'eau un peu impregnée de *verd-*
» *de-gris* eſt excellente; c'eſt un re-
» méde, un purgatif admirable, com-
» mode, domeſtique, journalier, ſans
» aucune peine ni aucuns frais pour
» le préparer. Le porteur-d'eau verſe

» son eau dans la Fontaine de cuivre ; » & celle-ci fournit la drogue purgative, qui est le verd-de-gris.

Pour le soutien de cette objection, on me dit fort sérieusement, » qu'il est vrai que le verd-de-gris est » un poison ; mais qu'il n'est pas à » craindre dans la quantité d'eau qui » passe dans une Fontaine sablée ; ce » n'est que la dose, ajoûte-t-on, qui fait » le poison. Tous les purgatifs ne sont » tels que parce qu'ils sont poisons. Si » les poisons sans aucune préparation, » sont corrosifs, & déchirent sur le » champ les membranes de l'estomach » & les intestins, ou produisent des » effets différens, comme la létargie » & autres ; préparez cependant, & » réduits à leur dose convenable, ils » irritent doucement, ils incisent la » bile & la viscosité des humeurs, & » procurent des évacuations salutaires ; ils dégagent les malades des » levains morbifiques, ils menent à » la guérison, ils préviennent même » les maladies, ils rétablissent l'harmonie des parties du corps, donnent de l'appétit, procurent un sommeil tranquille, & operent tous les

» effets admirables que nous voyons
» dans la médecine. »

Cette objection, que l'on ne m'accusera point de n'avoir pas mise dans tout son jour, a d'abord quelque lueur; mais elle tombe par les réflexions suivantes.

Je conviens que les purgatifs ne sont tels, que parce qu'ils sont poisons, & que leur bon ou mauvais effet dépend de la dose, & de leur juste application.

En partant de ce principe qui est vrai, je vais plus loin, & je dis que tous nos alimens trop fortement dosez, sont des poisons subits ou lents. L'excès du pain, des viandes, du vin, du sel, & autres assaisonnemens, du sucre même qui passe pour tempéré, & de tout ce qui sert à la nourriture de l'homme, est un poison; parce qu'il procure l'apoplexie, l'hydropisie, & plusieurs autres maladies. C'est pour cela qu'on dit ordinairement, que *la bouche en tue plus que l'épée*; & qu'*un bon Cuisinier envoye son Maître à l'autre monde dans dix ans*.

Cet excès pourtant est un poison

improprement dit. Il ne déchire point les parties internes ſubitement ; il augmente ſeulement le volume du ſang & des humeurs ; il épaiſſit, il gâte, il corrompt : & de-là viennent différentes maladies, qui exigent des purgatifs plus ou moins forts.

Mais le poiſon, proprement dit, produit des effets également redoutables.

Le premier effet eſt de déchirer, de corroder, de diſſoudre, d'enfler, d'obſtruer, de glacer, ou de jetter dans la fureur, ou dans la létargie ſur le champ ; & rarement dans tous ces cas, on a le temps de recourir aux remédes.

Le ſecond effet eſt, ſuivant la pratique déteſtable de la fameuſe *Brinvilliers*, & autres empoiſonneurs, d'agir lentement, & de frapper à coup ſûr dans un temps plus ou moins reculé : ce qui dépend de la préparation & de l'amalgame des drogues qui enveloppent le poiſon ; & celui-ci en ſe développant lentement, fait ces progrès inſenſibles, qui peu à peu jettent une victime dans la langueur, dans les inſomnies, dans la pthisie, & lui donnent enfin la mort.

Cette différence des poisons ainsi remarquée, je viens à la différence des purgatifs & de leur effet, & à leur nécessité.

Je dis d'abord qu'un malade, c'est-à-dire, par la mauvaise qualité, ou par la quantité du sang & des humeurs, est comme blessé intérieurement, & comparable ainsi dans un autre sens, à un malade blessé extérieurement par un coup de feu, ou de fer, ou de tout autre instrument.

Ce dernier pour sa guérison, a besoin de la main d'un habile Chirurgien, & de remédes externes. Que fait ce Chirurgien ? Il ouvre, il scarifie, il coupe, s'il en est besoin; il applique le feu, des caustiques; il purge la plaie par des onguents supuratifs : si c'est un ulcère, il fait usage du verd-de-gris, il guérit enfin : il cicatrise ; mais la cicatrice est ineffaçable : la partie cicatrisée demeure souvent fort foible ; la peau qui la couvre en est plus tendre, plus délicate, & plus sensible.

Il en est de même des blessures internes : les remédes ou le purgatif vont faire l'office du Chirurgien. Ils incisent les mauvaises humeurs, quelquefois les bonnes ; ils raclent, ils détergent, ils guérissent, si la maladie n'est pas mortelle ; mais en guérissant ils ne peuvent éviter d'affoiblir les parties internes. La raison en est toute simple : les membranes de l'estomach, & toutes les parois, sont comme les tables sur lesquelles se fait l'incision des humeurs, & qui souffrent nécessairement de l'incision qui se fait sur elles.

Je ne veux pas dire pourtant qu'absolument les purgatifs fassent cet effet sur un corps robuste, & qui aura dans sa vie rarement besoin de remédes. Dans ce cas, il est évident que la nature répare les brèches, & réprend le dessus ; mais je veux parler de ces corps cacochimes, mal constituez, ou affoiblis & usez par les débauches, qui ne peuvent plus vivre sans remédes & sans purgatifs. Il faut nécessairement que les purgatifs réitérez affoiblissent leurs parties internes, en les guérissant pour un temps. Leur malheur est, que pour recouvrer trop ſouvent une ſanté délicate & chancellante, il faut qu'ils faſſent dépenſe de cette même ſanté qui s'uſe, & ſe conſerve tout à la fois par l'uſage des remédes.

Je ſçais bien que les comparaiſons clochent toûjours; mais à tout haſard, je compare ces ſortes de temperammens à une chemiſe. Les ſueurs, ou la ſeule tranſpiration inſenſible, l'uſeroient en la pourriſſant. Le purgatif de cette pourriture eſt un lavage réiteré; mais ce lavage, qui uſe moins la chemiſe, que ne font les ſueurs ou l'inſenſible tranſpiration, l'uſe pourtant toûjours. L'agent affoiblit néceſſairement le patient; c'eſt un principe de phyſique inconteſtable: ainſi la leſſive uſe le linge; le feu uſe le fer; le mouvement & le frottement uſent les machines; l'excès du vin & des alimens ſucculens uſe le corps & l'eſprit, &c. Il en eſt donc de même des remédes réitérez avec néceſſité; mais à plus forte raiſon, quand ils ſont réitérez ſans néceſſité, comme je le dirai dans la ſuite, en parlant de l'uſage journalier d'une eau impregnée de verd-degris.

Je viens maintenant à la pratique des purgatifs approuvez par la Médecine ; & je conviens qu'elle se sert de certains poisons préparez, & réduits à la dose, qui n'a d'autre force que d'inciser, de racler, de déterger, ou d'assoupir doucement, sans danger, & sans nuire à la masse du sang ; mais la Médecine n'a jamais fait usage du verd-de-gris dans les remédes internes. C'est un poison à la vérité ; mais tous les poisons ne sont pas employez comme purgatifs.

Par exemple le verre & le diamant pilez, l'eau forte, l'arsenic, & le sublimé corrosif, sont des poisons ; mais si terribles, que la Médecine se garde bien de s'en servir intérieurement.

Le verd-de-gris est un autre poison ; mais si redoutable encore, que la Médecine en a horreur, & ne l'employe que pour brûler, & dessecher des ulcères externes. Si ce purgatif étoit ami du sang & des parties internes, on le reduiroit à la dose convenable, & on s'en serviroit comme des autres poisons préparez & réduits à la dose ; cela pourtant ne se pratique point, & ne ſe pratiquera jamais.

Donc la doſe du verd-de-gris, plus ou moins forte, qui ſe communique à l'eau dans une Fontaine de cuivre, ne peut paſſer pour un purgatif *admirable*, *commode*, *domeſtique*, *journalier*, *&* *ſans frais*. La ſeule propoſition revolte ; & je dis au contraire que c'eſt un purgatif inconnu dans la Médecine, & d'autant plus à craindre, qu'il eſt domeſtique & journalier.

En ſuppoſant même contre la pratique & l'évidence, le verd-de-gris comme un purgatif approuvé, il faudroit au moins le doſer, comme on fait à l'égard des autres poiſons.

Or je demande à celui qui boit l'eau d'une Fontaine de cuivre, où eſt le regulateur de la doſe du verd-de-gris ? S'il boit chez lui, il peut bien s'être garant à lui-même de ſon attention, ſur la propreté & l'étamage de ſa Fontaine ; mais s'il va boire chez un Marchand de vin ; s'il va chez un Limonadier ; s'il va manger ailleurs, où eſt ſon garant ? S'il lui mésarrive chez le Marchand de vin, chez le Limonadier, ou chez l'Ami qui l'a festiné, & qu'arrivé chez soi il se sente malade ; pensera-t-il à la Fontaine de cuivre, ou du Marchand de vin, ou du Limonadier, ou de son Ami ? Point du tout : il appellera un Médecin : celui-ci, comme un Confesseur, n'est point une intelligence céleste ; il faut s'accuser : qu'arrive-t-il alors ? Le malade s'examine sur des causes éloignées : une peur, un chagrin, un excès de boire ou de manger, un exercice violent, une colère, un épuisement, &c. sont la matière de sa confession. Ce n'est cependant rien de tout cela : c'est le verd-de-gris, dont il ne parle pas, auquel il ne pense pas ; il trompe ainsi le Médecin dans le diagnostic ; & celui-ci ne peut aller ni au prognostic, ni à la cure. Une maladie remédiable, suivant la dose du verd-de-gris, devient alors sérieuse, par des remédes contraires, substituez à l'antidote nécessaire, dans le cas du poison. Quelles sont les suites de l'équivoque ? Les douleurs du corps & de l'esprit, la ruine des affaires, la désolation d'une famille, une maladie chronique, & quelquefois la mort. Rien n'est si possible, en raisonnant sur un poison bien averé.

Je suppose maintenant qu'une Fontaine ait poussé son verd-de-gris à ce point de justesse, convenable à la dose d'un purgatif approuvé : je demande où est la nécessité de risquer de se purger journellement sans nécessité ? La nature a-t-elle besoin d'irritation quand elle est en régle ? Mais je m'en tiens là : les effets insensibles, ou l'irritation causée par un venin ennemi de la Médecine, sont beaucoup plus propres à ravir la santé, qu'à la médicamenter.

Je conclus maintenant de l'objection & de ma réponse, que l'eau d'une Fontaine sablée, toûjours chargée peu ou beaucoup des parties métalliliques du cuivre, est toûjours plus ou moins nuisible, & jamais salutaire.

Pour rendre ceci plus sensible, je considère une Fontaine de cuivre en trois temps : quand elle est bien entretenue ; quand elle est un peu négligée; quand elle eſt totalement négligée.

L'eau-d'une Fontaine de cuivre bien entretenue participe néceſſairement du verd-de-gris, qui s'échappe toûjours au travers de l'étamage, comme je l'ai déja remarqué dans la première partie : les effets d'une eau de cette eſpèce ſont inſenſibles; mais à la longue, ils imitent en quelque façon l'art de la *Brinvilliers* : ils frappent leur coup, ſans être même ſoupçonnez. *Tant va la cruche à l'eau, qu'à la fin elle y reſte. L'eau qui tombe goutte à goutte, perce le plus dur rocher.*

La Fontaine de cuivre un peu négligée, laiſſe voir un verd-de-gris ſenſible : elle produit alors cette eau admirable, propre à purger & à provoquer les vomiſſemens ; mais les adverſaires devroient ajoûter, *ſans néceſſité & avec danger.*

Il peut pourtant ſe faire, que ceux qui ſont accoutumez à boire dans leurs ménages, l'eau d'une Fontaine mal ſoignée, ſe ſoient familiariſez comme de nouveaux Mithridates avec le poiſon ; mais le venin couve toûjours dans la maſſe du ſang ; & à la fin la mine joue : une étincelle ſuffit pour allumer un grand feu tôt ou tard.

Enfin, les Fontaines de cuivre totalement négligées, principalement celles qui ſont ſouvent laiſſées à ſec avec le ſable, quand les Maîtres vont à leurs maiſons de campagne, ou ailleurs, frappent leur coup ſubitement, & produiſent les effets funeſtes, que j'ai rapportez dans les obſervations dont je viens de parler.

Le riſque du Public n'eſt donc pas une chimère ; & voici la faute qu'il fait par habitude & par uſage preſque univerſel. Il fait paſſer l'eau de la Seine dans une mine de cuivre ; c'eſt le nom qu'on doit donner à une Fontaine de ce métal : cette eau qui eſt excellente, devient aſſez ſouvent belle ; mais toûjours mauvaiſe & mal ſaine, peu ou beaucoup ; ſur-tout ſi on la fait paſſer par cohobation d'une première mine dans une ſeconde ; c'eſt-à-dire, d'une première Fontaine de cuivre dans une autre :

elle y perd d'ailleurs ſa légéreté, par la raiſon que *Boerhaave* obſerve, & qui eſt, que » le ſable même des ſour- » ces ſouterraines, ne peut épurer » l'eau ſi parfaitement, que les par- » ties hétérogènes de cette eau & le » ſable, ne lui communiquent leurs » poids, ſans la purifier des mauvai- » ſes qualitez, dont elle peut s'être » impregnée, ſuivant les mauvais ter- » rains qu'elle a parcourus. »

Comment ſe peut-il après cela qu'une eau qui ſe charge des parties métalliques du cuivre, dans une ou deux Fontaines ſablées, s'épure ſi parfaitement, qu'elle laiſſe ces parties métalliques dans un ſable mal foulé ? [car ce n'eſt que par mon nouveau ſyſtême de preſſion, de quelque filtre que ce ſoit, qu'on peut épurer l'eau.]

Si l'eau des ſources ſouterraines ne peut jamais, ſuivant le jugement de ce ſçavant Auteur, s'épurer parfaitement au travers d'un paſſage de ſable d'une continuité quelquefois immenſe, comment laiſſera-t-elle les parties métalliques d'une première

Fontaine de cuivre dans le ſable d'une ſeconde, où elle en acquiert même de nouvelles en ſe filtrant, & parvenue dans le dernier réſervoir?

On voit par-là deux choſes eſſentielles; la première, que le ſable communique ſon poids à l'eau; qu'il ne l'épure point parfaitement, à moins qu'il ne ſoit bien foulé: encore ne peut-il égaler le filtre de l'éponge, dont la répétition & la preſſion ſont très-faciles & très-propres à épurer l'eau, ſans aucune crainte de diſſolution nuiſible de ce filtre, comme il arrive au ſable & aux pierres poreuſes, ainſi que je l'ai encore remarqué dans les mêmes obſervations.

Et la ſeconde, qui eſt la ſeule dont il doit être ici queſtion, eu égard à l'objection fondée ſur la ſalubrité prétendue du verd-de-gris, c'eſt que les eaux des Fontaines de cuivre ne ſont, à proprement parler, que des eaux minerales; mais bien différentes de celles de Paſſy, par exemple, qui ſont ferrugineuſes & ſalutaires, par la différence de la mine.

Ainſi je conviens que les eaux minérales du cuivre ſont purgatives ; mais je dis avec de bons garants, que les eaux cuivreuſes ſont au rang de ces fameux purgatifs, qui peuvent purger pour toûjours, & qu'en ſuppoſant contre la vérité le verd-de-gris comme un bon purgatif, il n'eſt nulle néceſſité de riſquer de ſe purger journellement ſans néceſſité, & ſans regulateur de la doſe néceſſaire au purgatif. Il n'y a nulle néceſſité d'uſer journellement ſes parties internes, quoiqu'inſenſiblement ; mais il eſt encore moins de néceſſité de les uſer, & de riſquer même de les déchirer par l'action d'un poiſon redoutable, reconnu tel par les perſonnes le plus en état d'en juger, & par celles du Public le plus diſtingué, qui font uſage de mes Fontaines. Mais voici le plus fort : l'Académie même atteſte le danger du verd-de-gris ; témoin l'avis qu'elle vient de donner ſur le contenu de mes Lettres Patentes, enſuite d'un Arrêt interlocutoire du 2 Juillet dernier ;

nier ; & cet avis eſt d'autant plus digne d'égard, qu'il eſt conforme aux déciſions de toutes les Ecoles de Médecine anciennes & modernes.

Ajoûtons à des témoignages ſi authentiques un exemple des plus imitables. Perſonne n'ignore que les Anglois ſont très-curieux des Arts, & principalement de la ſanté. Qu'on conſulte les Anglois qui ſont à Paris ; qu'on aille à Londres, ſi l'on veut, pour être plus ſûrs du fait ; on n'y trouvera aucune Fontaine de cuivre. Les eaux de la Tamiſe ſont aſſez belles ; voilà pourquoi on ne ſe ſert pas de filtres dans ce pays-là : toute la façon y conſiſte dans de grands vaiſſeaux de plomb laminé, où l'on laiſſe repoſer l'eau ; mais on n'a garde de s'y ſervir de vaiſſeaux de cuivre, & l'on n'y permettroit pas qu'il s'en vendît.

Dans le regne animal, il n'eſt pas de diviſion ſi grande que celle du muſc ; un ſiécle à peine effacera t-il l'odeur d'un mouchoir qui en aura touché, quoiqu'expoſé à l'air : il en eſt de même du cuivre dans le regne mineral ; un ſeul grain de verd-de-gris, ſuivant l'expérience faite en Angleterre, va ſe diviſer dans quatre cens muids d'eau. Cette diviſion, à la vérité, n'eſt pas ſenſible aux yeux ni au goût ; mais on la découvre facilement par l'expérience ſuivante.

A défaut de quatre cens muids, prenez un verre d'eau la plus épurée d'une Fontaine de cuivre ; jettez-y un peu d'alkali volatil, vous verrez alors le verd-de-gris ſe rendre ſenſible, par une couleur plus ou moins bleue, ſuivant la quantité du verd-de-gris. Faites en même temps l'expérience ſur un verre d'eau qui n'a pas touché le cuivre, l'alkali volatil n'en changera pas la couleur.

Il ne faut pas être ſurpris après ces expériences, que les étrangers qui viennent à Paris ſoient incommodez avant qu'ils ſe ſoient accoutumez à l'action d'une eau imprégnée de verd-de-gris : les diarrhées, les coliques, les tranchées douloureuſes, les ſimptômes les plus terribles, & quelquefois les fiévres ardentes & la mort, ſont les prétendus effets naturels qu'on attribue à l'eau de la Seine. Ce n'eſt pas cette eau cependant, elle eſt innocente; c'eſt le cuivre qu'il faut accuſer; mais le cuivre encore ne va pas ſeul : le ſable, dont on ſe ſert pour les Fontaine ſablées, eſt lui-même vitriolique, & conſéquemment de la nature du cuivre.

Qu'on ne croye pas que je veuille en impoſer au Public, & donner la préférence au filtre de l'éponge; l'un ou l'autre me ſont indifférens; car il ſont également propres au mécaniſme de mes Fontaines, comme je ferai voir ci-après. Quoique je préfere l'éponge, parce qu'il ne vient d'elle aucune parties métalliques, ni aucun principe pétrifiant, je ne veux pas cependant exclure le ſable, tel que je le donnerai; je veux ſeulement prouver que le ſable dont on ſe ſert eſt vitriolique, & j'en donne la preuve par deux expériences.

La première ſe fait par diverſes opérations connues par les Chymiſtes, dont la dernière eſt la criſtalliſation qui ſe fait des parties métalliques du ſable. Voici la ſeconde.

Faites calciner votre ſable, leſſivez enſuite, & filtrez; prenez un verre de cette eau filtrée; jettez-y, comme je viens de dire, un peu d'alkali volatil; & vous verrez alors par la couleur bleue, qu'il y a du vitriol dans votre ſable.

Mais il y a peut-être des perſonnes qui croient qu'une Fontaine de cuivre eſt une décoration pour leur cuiſine, pour leur office? Quand cela ſeroit, l'agrément des yeux l'emportera-t-il ſur l'intérêt de la ſanté? D'ailleurs mes Fontaines ſont ſuſceptibles d'ornemens,qui à la décoration joignent l'utilité, tels que ſont les fléches qui montent & qui deſcendent, pour indiquer ſur des chiffres les différentes quantitez d'eau qui ſe trouvent dans les différentes loges; même l'heure, avec beaucoup plus de juſteſſe que les anciennes clepſidres, au moyen d'un regulateur, lequel ſert encore pour un reveil & une répétition, ou pour un tournebroche. Ce ſont là des ornemens utiles, & qui ſe diſtribuent ſuivant les lieux. Si c'eſt une cuiſine, les Fontaines avec le mécanisme du tournebroche y convient; si c'est un office ou une salle à manger, la clepsidre y convient comme dans une garderobe; si c'est une chambre à coucher, la clepsidre, le reveil & la répétition y vont à merveille. Or le mécanisme des Fontaines de cuivre est-il susceptible de tous ces ornemens utiles? Quelqu'un a-t-il encore pensé qu'il fût possible de tirer d'une Fontaine filtrante tous ces agrémens & toutes ces utilitez? Assûrément personne ne l'a tenté, personne ne l'a vû. Je conclus donc que les nouvelles Fontaines sont supérieures aux anciennes par la forme, & qu'étant encore plus essentiellement supérieures par le fond, qui est la santé, il n'y a pas à balancer sur le choix; même tous ornemens à part, soit utiles ou non; mais je ne m'arrête qu'au fond: indépendamment de tous les avantages dont j'ai parlé dans mes premières observations, je releve ici un des plus essentiels, qui consiste dans le volume arbitraire, dont le mécanisme des Fontaines de cuivre n'est abfolument point fufceptible. Ceci demande de l'attention, non comme abftrait, mais comme effentiel.

Dans le mécanifme ancien, une Fontaine de cuivre doit contenir une voie d'eau fale fur fable. Il faut ce volume au moins, pour trouver la place d'une quantité de fable fuffifant au filtrage.

Or voici l'inconvénient, & le danger vifible d'une perfonne feule qui veut fe donner une Fontaine de cuivre : c'eft qu'avant que cette perfonne ait confommé pour fa boiffon trente-fix pintes d'eau, qui compofent la voie, il lui faut un mois, ou environ.

Je demande maintenant où eft la fûreté de boire une eau qui aura croupi un mois dans le cuivre ? Cet homme feul, s'il eft fage & avifé, aime donc beaucoup mieux boire de la purée en hyver, que de fe livrer au danger; mais fi cet homme par entêtement, ou fans réflexion, ou tranquilifé par l'ufage, veut fe donner une Fontaine de cuivre, qu'arrive-t-il ? Il lui en coute d'abord auffi cher pout lui ſeul, que s'il avoit une famille & des domeſtiques.

Somme toute : depuis la dixième pinte au moins, juſqu'à la trente-ſixième, il riſque de s'empoiſonner plus ou moins, ſuivant l'état de ſa Fontaine ; mais plus il avance vers la trente-ſixième, & plus il court de riſque par le ſéjour de l'eau & le progrès du verd-de-gris.

La pénurie des Fontaines de cuivre tourne donc au détriment du Public : leur prix, leur volume, & le ſéjour de l'eau, mettent un tiers de Paris hors d'état de s'en ſervir. Leur mécaniſme n'a qu'un ſeul objet, c'eſt le filtrage ; mais ce filtrage eſt dangereux, & borné à un volume qui ne convient qu'à l'uſage de pluſieurs perſonnes. Cependant une machine auſſi néceſſaire qu'une Fontaine filtrante, doit ſe diſtribuer aux beſoins de tous les Citoyens : un ſeul homme, peut ou pluſieurs enſemble doivent trouver la même facilité ſans danger. Il doit en être d'une Fontaine pour boire, comme des étoffes pour s'habiller : un petit homme trouve du drap pour ſa taille, ſans dépenſer au-delà. Un homme ſeul qui veut boire une eau bien purifiée, doit donc avoir la facilité d'acheter une Fontaine dont le volume & le prix ſoient proportionnez à ſon ſeul uſage ; mais les Fontaines de cuivre ne rempliſſent pas cet objet eſſentiel ; dans les nouvelles Fontaines au contraire, je donne au Public toutes ſortes de commoditez & d'avantages, mais principalement d'avoir à tout prix & de tout volume, des Fontaines filtrantes ſans aucun danger, depuis une pinte juſqu'à vingt vôies, ſi l'on veut.

II.

II.

Sur la nature & les qualitez de l'Eponge, du Sable, & des Pierres poreuses, où il est parlé des insectes & des mauvaises semences que l'air & le verd-de-gris jettent dans l'eau.

LEs Adversaires sentent bien la force de la simple vérité ; mais soit entêtement ou prévention sordide, ils pensent qu'ils doivent soutenir ce qu'ils ont avancé : voilà pourquoi ils répandent tant de mauvais préjugez contre le mécanisme des nouvelles Fontaines ; mais rien ne décredite plus leur systême que de les entendre répéter l'objection d'un méchant Auteur Ultramontain, qui après une Dissertation sur la nacre & sur le corail, a soutenu autrefois contre tous les Livres, que l'éponge n'est autre chose que la merde des poissons : c'est le terme énergique que je ne puis ſupprimer, parce qu'il eſt original, & que je dois le rendre tel qu'il a été publié.

Si les Adverſaires avoient lû les Naturaliſtes, ils auroient trouvé que l'éponge s'engendre contre les pierres au bord de la mer ; qu'elle ſe nourrit d'eau & de limon ; qu'elle eſt très-ſaine, très-propre, médicinale, & ſi difficile à diſſoudre & à ſe corrompre, que le ferment de l'eſtomach d'un chien, qui digere même les os, ne peut la digerer. Ils auroient trouvé même des déciſions expreſſes, entr'autres celles d'un fameux * Médecin Anglois, qui obſerve l'uſage où l'on étoit de ſon temps, d'appliquer des éponges dans les tuyaux des alembics, pour faire filtrer au travers les liqueurs diſtillées. Le même Auteur prend de-là occaſion de comparer la tête de l'homme, & le filtre ſpongieux du cerveau, à un alembic ainſi garni d'éponges.

En un mot, l'Auteur de la nature ſemble avoir fait l'éponge, principalement pour le filtrage de l'eau ; &

* *Willis de Ferment.* pag. 26 & 27.

conſéquemment pour les nouvelles Fontaines où elle trouve cette nourriture dont les Naturaliſtes parlent, qui eſt l'eau & le limon. Les expériences faites par de très-habiles Médecins, par les perſonnes du Public le plus diſtingué, & confirmées encore mieux par celles de pluſieurs Membres de l'Académie, prouvent à cet égard la calomnie qui tombe; & il ne reſte plus que le bon & le nouveau dans le point le plus eſſentiel à la vie. Je parle avec un bon garant; c'eſt le ſçavant Boerhaave déja cité : voici ce qu'il dit dans ſon Traité ſur l'eau, pag. 328.

» La ſanté, qui eſt le ſouverain » bien de la vie, & le but de tous » nos deſirs, eſt due à l'eau plus qu'à » toute autre choſe. L'homme ne » croît & ne devient fort que par » l'uſage d'une bonne eau : c'eſt l'eau » qui guérit une infinité de maladies; » mais la mauvaiſe en cauſe une infi- » nité d'autres : enfin la guériſon la » plus parfaite & la plus heureuſe » vient de l'eau »

J'ai donc raiſon de dire, ſans vouloir me glorifier, que j'ai travaillé utilement, dans le point le plus essentiel à la vie, en tâchant d'éloigner un poison qui se communique à l'eau dans les Fontaines de cuivre; & en présentant au Public le filtre le plus puissant & le plus sain : deux moyens infaillibles pour faire de l'eau de la Seine, & de celle des autres rivières ou des puits, cette eau si nécessaire à la conservation de la santé.

Au reste, quand j'ai dit dans mes premières observations pag. 9 & suivantes, que les eaux des puits sont plus crues, plus lourdes, & plus visqueuses que celles des rivières, où les porteurs-d'eau vont puiser, j'ai entendu parler des pays où la mauvaise santé, la laideur, & la difformité des habitans, & leur courte vie, indiquent la mauvaise qualité de l'eau, indépendamment de l'expérience du pese-liqueur. C'est dans ces pays où le même Boerhaave observe que les eaux sont dangereuses & condamnées par les Médecins; mais il en est d'autres, ajoûte-t-il, où elles sont très-légères & très-salutaires. Je dois m'expliquer sur ce point, pour ôter tout nouveau prétexte de critique, & pour avertir les habitans des pays où les eaux des puits ſont mauvaiſes & mal ſaines, quoique ſouvent limpides, qu'ils ne peuvent pas employer un filtre plus puiſſant que celui de l'éponge, pour les purifier de leur viſcoſité, & de toutes les parties hétérogènes, qui les rendent mauvaiſes par accident, & qui ſont la principale ſource de la mauvaiſe ſanté.

Je ne dis pas cependant que l'eau ſoit la ſeule cauſe de la mauvaiſe ſanté, & de la courte vie : il en eſt d'autres éloignées, qui viennent de la misère, des chagrins, ou des débauches, &c. mais je dis que tout homme reglé, à qui la fortune a donné le néceſſaire, n'a à craindre principalement que l'eau & l'air : ainſi quand on a deux ennemis capitaux, on eſt toûjours mieux en état de défenſe, ſi on peut vaincre l'un des deux. Le mauvais air eſt invincible ; mais la mauvaiſe eau peut ſe bonifier.

Il eſt des pays où les eaux ſont impures, & où l'air eſt pur ; d'autres où l'air eſt impur, & où les eaux, quoique bonnes de leur nature, deviennent impures & mauvaiſes par accident.

Dans ces premiers, les nouvelles Fontaines ſeront d'un grand ſecours, en faiſant concourir la pureté de l'eau avec la pureté de l'air.

Dans les derniers, la mauvaiſe qualité de l'air, & les mauvaiſes ſemences qui ſe mêlent dans l'eau, rendent les habitans preſque toûjours inquiets, malades, ou valetudinaires. Je citerai un ſeul exemple. Berre, ſitué dans la Principauté de Martigues en Provence, eſt un pays mal-ſain, comme on voit dans le Dictionnaire de la France. Les habitans y ſont ſouvent fievreux ; & il en eſt peu qui ayent une couleur vermeille ; preſque tous ont le viſage plombé. D'où vient cela ? C'eſt qu'avec le mauvais air, ils ont encore à combattre contre mille ordures, dont leur eau, quoiqu'excellente, ſe trouve impregnée. Il n'y a qu'un puits dans ce pays-là : tous les habitans y vont puiſer avec leurs ſceaux, & rempliſſent ainſi des vaiſſeaux de bois. De retour chez eux, la plûpart, peu ſoigneux de propreté, mettent leurs ſceaux à terre, indifféremment ſur toutes ſortes d'endroits mal-propres. C'eſt à ces ſceaux, qui vont & qui viennent tous les jours du puits banal, que s'attachent une infinité d'ordures de toute eſpece, leſquelles ſe détrempent dans l'eau de ce puits. Cette eau devient ainſi extrêmement ſale & mauvaiſe par accident, ſoit à raiſon de ces mêmes ordures, ſoit à raiſon de la pourriture des vaiſſeaux de bois, où après l'avoir laiſſée repoſer du jour au lendemain, les habitans de Berre penſent de boire une eau bien ſaine & bien propre; mais je leur demande, comme à bien d'autres qui ſont dans ce cas, ſi toutes les ordures, & les mauvaiſes ſemences qui ſont dans une eau preſque toûjours louche & ſavoneuſe, peuvent contribuer à leur ſanté? Je leur demande encore pourquoi eſt-ce qu'au moins il ne font pas repoſer leur eau pendant quinze jours dans de grands jars de terre, qui ſont communs dans la Provence?

L'eau du Rhône, par exemple, bien purifiée, & ſcellée dans un vaiſſeau de terre, ſe conſerve parfaitement, au rapport du même Boerhaave, au même endroit cité pag. 325. si au contraire, ajoûte le même Auteur, on la fait reposer dans des vaisseaux de bois, elle s'y corrompt totalement; & il en est de même de toutes les eaux.

Pour la santé, ce bien si prétieux, ne vaudroit-il donc pas mieux fermer ces sortes de puits banaux, & y appliquer, comme aux Fontaines de Paris, des pompes à la main? Mais à défaut de pompes, ne vaudroit-il pas mieux faire usage de bons vaisseaux & de bons filtres, pour bonifier au moins un des deux élemens contraires?

A reste ce n'est pas l'intérêt qui me fait citer l'exemple de Berre. On juge bien que je n'ai rien à faire dans un pays comme celui-là; mais c'est l'intérêt public, c'est un avis que je donne à tous ceux qui se trouvent au même cas d'un puits banal; dont l'eau, comme à Berre, se trouve à fleur de terre: car à l'égard des autres puits banaux qui sont profonds, il n'y a pas d'autre ressource, que d'appliquer aux pompes des rouages

& des chevaux; & ces ſortes d'entretiens ne ſont pas à la portée des facultez des petits lieux.

Je reviens maintenant aux pays où les eaux des puits, quoique limpides, ſont eſſentiellement mauvaiſes, par leur viſcoſité, & par les mauvais terrains qu'elles ont parcourus.

Pour bonifier ces eaux, tout ne conſiſte qu'à connoître le mécaniſme des Fontaines marines, que je n'ai pas encore données, dans l'incertitude du ſort de mon Privilége. Elles ſont de grande eſpérance pour filtrer l'eau de la mer; mais elles ſont parfaites pour épurer les mauvaiſes eaux douces. La preſſion des éponges & du ſable, la répetition des filtres, la matière & la conſtruction des vaiſſeaux rempliront cette vûe, ſi je puis déployer un jour avec ſûreté ce que j'ai appris d'une infinité d'expériences pénibles.

Je ne dois pas oublier ici que bien des gens mal inſtruits inſiſtent encore à ſe méfier du filtre de l'éponge, non comme merde des poiſſons & corruptible; mais comme trop puiſſant & capable de retenir le nitre, le ſel marin, & les inſectes prétendus néceſſaires à la ſalubrité de l'eau.

J'ai répondu à cette objection dans la première Partie. J'ai dit que le ſel marin paſſe au travers d'une éponge, avec un fort degré de preſſion, & qu'on peut en faire l'expérience. On inſiſte cependant; & je répond que l'eau de la mer, qui paſſe au travers d'une, & même de pluſieurs éponges, ne peut jamais y laiſſer ſon ſel. C'eſt une expérience que j'ai faite à Marſeille pluſieurs fois; & je ne ſuis parvenu à lui ôter une grande partie de ſon ſel & de ſon huile volatil, que par des médicamens que je lui ai donnez, & par le mécaniſme particulier de mes Fontaines marines; mais je n'ai pû pouſſer ici mes expériences plus loin, attendu la difficulté qu'il y a d'avoir de l'eau de la mer: je ſuis d'ailleurs accablé, depuis cinq ans que je travaille ſur le pavé de Paris, à la pourſuite de mon Privilége; & je ne puis m'appliquer à cette partie ſi eſſentielle à l'Etat, & à tous les Etats du monde, que je n'aye récouvré une vie plus tranquille que celle que je mene aujourd'hui.

Il ſuffit donc pour le préſent de convaincre d'erreur ceux qui inſiſtent après ma réponſe, & je leur fais face de tous les côtez.

L'objection eſt que les éponges retiennent le ſel, le nitre, &c. Suppoſons donc que cela ſoit véritable : je répond que c'eſt tant mieux, & que l'eau n'en ſera que plus légère & plus ſalutaire.

En effet, il y a aſſez de ſel & de nitre dans nos alimens pour n'avoir pas beſoin d'une eau qui en contienne davantage : ceci ſe prouve par des réflexions tirées de l'expérience.

L'eau de la mer, par exemple, eſt la plus lourde de toutes, ſuivant l'indice du peſe-liqueur, indépendamment de l'expérience journalière ſur mer, où l'on voit que les vaiſſeaux s'enfonçent moins que dans l'eau douce.

Cette expérience ſe confirme par une autre. Qu'on mette un œuf dans l'eau douce, il deſcendra au fond. Qu'on faſſe fondre du ſel dans la même eau, il arrivera deux choſes : la première, quand cette eau aura fondu le ſel dont elle eſt capable, elle n'ira pas plus avant ; & le ſel ſuperflu ne pourra ſe fondre. La ſeconde, l'œuf remontera du fond ſur la ſurface de l'eau.

Pluſieurs autres expériences ſe joignent à celle-ci. L'eau du ciel eſt la meilleure & la plus légère de toutes, ſuivant l'indice du même peſe-liqueur.

D'où vient cela ? C'eſt qu'elle eſt moins chargée que toutes les autres, de parties hétérogènes. L'attraction du Soleil ſur la mer n'agit que ſur l'eau douce ; le ſel, le nitre, &c. comme plus péſans, ne montent point, ou ne montent qu'en très-petite quantité.

L'eau de riviere, l'eau de ſource, l'eau des Fontaines domeſtiques, l'eau de puits, l'eau qui a ſéjourné long-temps dans un vaſe découvert, dans des marres, dans des endroits marécageux, &c. différent toutes entre elles, depuis une ligne juſqu'à ſept, ſuivant les expériences rapportées par Hoffman.

D'où viennent toutes ces différences ? C'eſt que les eaux différentes ſont plus chargées les unes que les autres de nitre, de ſel marin, & de parties hétérogènes qu'elles ont acquiſes çà & là ; conſéquemment moins légères à proportion, & moins ſalutaires, en partant toûjours du principe, que l'eau du ciel eſt la plus légère & la plus ſalutaire de toutes.

Ce principe eſt vrai, s'il faut croire la raiſon & l'expérience ; mais j'ajoute un exemple remarquable cité par Hérodote. Cet Auteur parle des eaux d'Ethiopie, qui ſont tellement légères, que le bois & tous autres corps plus légers que le bois, ne ſurnagent point au-deſſus ; mais deſcendent dans le fond. C'eſt à raiſon de la légéreté de ces eaux, & c'eſt à ce propos que cet Auteur dit, que les Ethiopiens vivent long-temps, & pouſſent la vie à 120 ans & au-delà.

D'où vient la longue vie de ces habitans du monde ? C'eſt que leur eau n'eſt bonne & légère, que parce qu'elle ſe filtre au travers d'un terrain extrêmement pur & ſerré, où elle ſe dépouille des inſectes prétendus néceſſaires, & des parties nitreuſes & ſalines de l'air, même du ſel, qui peut monter de la mer par l'attraction du Soleil, & de tout ce qui eſt étranger au pur élément.

L'eau céleſte reçûe dans un vaiſſeau de grès, ou de verre, eſt la plus légère & la plus ſalutaire. Si elle tombe ſur la terre, elle fait des ſources, dont l'eau eſt plus ou moins bonne, ſuivant les différens terrains qu'elle parcourt; mais toûjours inférieure à celle qu'on reçoit immédiatement du ciel. Un peu d'attention à ceci.

En Ethiopie, l'eau des ſources y vaut mieux que celle du ciel : d'où vient cela ? C'eſt que l'eau du ciel devient encore meilleure, en ſe dépouillant du ſel, du nitre, &c. au travers d'un terrain, ou d'un ſable plus cuit par le Soleil, conſéquemment plus dur, moins diſſoluble, plus pur, plus ſain, & plus ſerré que le nôtre.

Il ſeroit donc à ſouhaiter que le puiſſant filtre de l'éponge retint le nitre, le ſel marin, &c. qui ſe trouvent dans l'eau douce, comme n'étant propres, ſuivant l'expérience, qu'à la rendre plus péſante.

Mais faut-il ſuppoſer que les inſectes, le nitre & le ſel marin ſont néceſſaires à la ſalubrité de l'eau? Je dis que s'ils paſſent au travers d'une pierre poreuſe, ils paſſent encore mieux au travers d'une ou de pluſieurs éponges; & que pour les retenir, il faut médicamenter l'eau, & la faire filtrer dans une Fontaine marine; mais telle que je ne dis pas, & que je ne dois pas dire, parce que j'ai encore les mains vuides; & que d'ailleurs pour agir ſenſément, il ne convient pas de mettre au jour des découvertes, qui n'ont pas encore acquis leur entière perfection.

Que les Adverſaires choiſiſſent maintenant: les inſectes, le nitre & le ſel marin paſſent-ils au travers d'une ou de pluſieurs éponges, avec le plus fort degré de preſſion, comme ils paſſent au travers d'une pierre poreuſe? Suivant l'expérience diſons qu'oui: c'eſt ce que les mêmes Adverſaires veulent, pour la ſalubrité de l'eau: les voilà donc contens: contre l'expérience diſons que non;

ce ſeroit tant mieux, ſuivant la raiſon & l'exemple cité par Hérodote, qui ſe concilie avec les autres expériences dont je viens de parler; mais malheureuſement cela n'eſt point : le plus fort degré de preſſion de l'éponge ne donne que cette ſorte d'eau, qui eſt du goût des Adverſaires.

Au reſte ce ſeroit me faire un procès mal à propos, ſi parce que j'ai parlé de prétendus inſectes dans la première partie, on alloit me dire que je nie leur exiſtence dans l'eau. Tous les Livres qui ont traité cette matière nous apprennent d'après l'expérience qu'il y en a : de ce que mes yeux ne voyent pas ces inſectes, il ne s'enſuit pas que je croye qu'ils n'exiſtent pas ; mais je nie ici qu'ils ſoient néceſſaires à la ſalubrité de l'eau. Les plus petites notions nous apprennent que preſque tous les corps de la nature ſont ſujets à la pourriture : les pierres mêmes n'en ſont pas exemptes : les vers les rongent & les carient ſur leur ſuperficie; mais nous ne voyons pas ces vers : ce n'eſt qu'à l'aide d'un excellent microſcope qu'on les découvre, & qu'on diſtingue

tingue jusqu'à leurs yeux, comme on peut voir dans les Transactions Philosophiques d'Angleterre.

Ainsi l'eau incorruptible par elle-même, devient cependant comme la boëte de la corruption : les mauvaises qualitez qu'elle acquiert en passant sur certains terrains, les parties hétérogènes de l'air, & la chaleur, font fermenter en elle une infinité de semences qui échappent à nos yeux, & qui produisent les insectes dont il s'agit.

» Il faut, dit M. de la Chambre, » pag. 57. *du débordement du Nil*, » que les parties des corps fermen-» tables soient de diverse nature ; & » qu'il y en ait de subtiles & de gros-» sières, c'est-à-dire, de volatiles & » de fixes : car les corps qui sont sim-» ples & homogènes, ne se fermen-» tent point comme l'eau pure. »

Le diamant, l'or pur, le verre, la porcelaine, la terre de grès, ne se fermentent pas ; pourquoi ? C'est qu'ils sont simples & homogènes, & que leur union avec l'eau pure, ne peut produire aucune fermentation, ni conféquemment aucune corruption.

Mais les pierres, fi on en excepte le marbre & autres de cette efpece, ne font pas fimples & homogènes. Elles contiennent des parties fixes, & d'autres volatiles, qui font le principe de la fermentation, par l'action des parties falines de l'air & de l'eau.

Voilà pourquoi j'ai remarqué dans mes premières obfervations, que les pierres poreufes & le fable, donnent à l'eau un principe pétrifiant : c'eft là un effet inévitable, quoiqu'infenfible. Les pierres poreufes & le fable, qui font de même nature, n'ont pas acquis ce degré néceffaire aux corps fimples & homogènes : nous voyons en effet que toutes les pierres différent entr'elles par leur dureté, & qu'elles fe diffolvent plûtôt ou plus tard. Cette diffolution imperceptible eft donc une fermentation & une féparation infenfible des parties volatiles de la pierre & du fable, qui prend fa fource dans l'eau, ou dans la feule humidité de l'air.

Cette diſſolution que l'eau fait de tous les corps mêlangez de volatil & de fixe, eſt confirmée par l'expérience & par les notions les plus communes; mais pour ne pas m'éloigner de mon ſujet qui eſt l'eau, conſiderée comme principe de la fermentation, & de la diſſolution des corps, je rapporte ici ce qu'en a dit * Cohauſen fameux Médecin.

Cet Auteur, après avoir parlé d'une infinité d'inſectes, & de fruits aëriens, qui ſe communiquent à l'eau la plus limpide aux yeux, ajoute, qu'il » a diſtilé ſept fois de ſuite » l'eſprit le plus ſubtil de la roſée de » Mai; & qu'à l'aide d'une lente di» geſtion au bain de vapeur, il a » trouvé enfin une mouſſe verte en » forme de cheveux. »

Qu'on raiſonne maintenant ſur cette expérience, on trouvera ſans peine, que ſi la roſée reçoit une ſemence des herbes, par le ſéjour fort court qu'elle fait ſur ces mêmes herbes, qui ne ſont pas ſimples & homogènes de leur nature; ſi cette ſemen-

* Dans ſon Traité intitule, *Lumen novum Phoſphoris accenſum*, pag. 35.

ce produit ſon fruit, à l'aide d'une lente digeſtion au bain de vapeur; à combien plus forte raiſon l'eau des Fontaines de cuivre qui n'eſt pas épurée par la diſtilation, & qui contient en elle une infinité de ſemences terreſtres & aëriennes, produira-t-elle dans notre corps, à la faveur de la chaleur humide qui y regne, une infinité de générations différentes, & une autre mouſſe verte, bien plus dangereuſe par le ſéjour qu'elle fait ſur le cuivre.

De même donc que le verd-de-gris ſe communique à l'eau par la diſſolution du cuivre; de même auſſi le principe pétrifiant des pierres poreuſes & du ſable qu'elle diſſout; de même encore les inſectes, les parties hétérogènes, & tous les fruits aëriens y jettent de mauvaiſes ſemences que nous ne voyons pas, dont nous n'appercevons pas à la vérité des effets ſubits; mais qui ne laiſſent pourtant pas d'agir journellement de toutes leurs forces ſur nos corps; & c'eſt principalement la différence des eaux pures ou non, qui nous rend ſains ou malades, pâles ou vermeils, forts ou foibles, difformes ou bien faits ; & ce qui eſt le plus intéreſſant, cette différence abbrége ou prolonge nos jours.

Ainſi je ne nie pas l'exiſtence des inſectes dans l'eau ; mais je ſoutiens qu'ils ne ſont faits que pour la rendre plus peſante, & pour la corrompre.

Tous les corps ont leur contraire. L'Auteur de la nature l'a voulu ainſi, pour faire comprendre à l'homme qu'il n'y a que lui ſeul qui, comme infiniment pur, ſoit incapable de viciſſitude & de corruption.

Les inſectes, & tous les corps hétérogènes, ſont donc cette maladie de l'eau ; & il faut néceſſairement convenir que plus elle eſt pure, plus auſſi elle eſt ſalutaire. C'eſt le même Boerhaave qui nous le dit encore au même endroit cité, pag. 292 & 293. en parlant des eaux de puits. » Tous les corps étrangers, dit-il, » rendent l'eau plus péſante : plus » elle en eſt chargée, plus elle eſt » dangereuſe, ſuivant les Médecins : » plus elle eſt légère, plus elle eſt ſa» lutaire. »

Le ſouverain degré de pureté de l'eau ſeroit donc le ſouverain bien de la ſanté, & la cauſe première de la longue vie; mais l'Auteur de la nature a voulu y mettre des bornes : quoique tous les hommes lui ſoient égaux, comme étant tous ſes créatures également, il a voulu qu'ici on vive plus, que là on vive moins; tout comme il a voulu des pays chauds, & des pays froids, des riches & des pauvres, &c. Ce ſont là des deſſeins dont nous ne pouvons lui demander raiſon ; mais il nous permet de nous garantir des injures de l'air & des rigueurs de la fortune; encore mieux d'employer tous les moyens poſſibles pour prolonger nos jours. Voyons maintenant comment s'y prennent les hommes.

D'abord ils ſont extrêmement curieux des alimens ſolides : c'eſt le goût délicieux ; c'eſt la gourmandiſe qu'il faut contenter : c'en eſt aſſez pour leur faire rechercher les meilleurs cuiſiniers, quoique ſouvent meurtriers, par trop d'habileté à faire manger, même ceux qui n'ont point d'appétit; mais les hommes ne ſont pas également curieux de la bonne eau néceſſaire pour préparer ces alimens ſucculens; puiſqu'ils la gâtent ſans réflexion, en la faiſant paſſer dans une mine de cuivre. Ils ſont curieux d'une belle Fontaine; mais ils ne ſont pas curieux d'une bonne Fontaine, ni d'un bon filtre, ni conſéquemment de donner à l'eau ce degré de pureté néceſſaire à la ſanté : pourquoi cela? C'eſt que l'eau eſt inſipide, & que le deſir de l'inſipidité ne pique pas les gourmands. Les uns, dans la crainte du poiſon, la boivent ſimplement repoſée : d'autres la font filtrer ; mais quel filtrage? Le reméde eſt pire que le mal.

Si nous avions une parfaite connoiſſance des ſimples, nons vivrions beaucoup plus: nous ne l'avons pas; nous périſſons bien ſouvent faute de remédes inconnus.

Dans cette pénurie, profitez, hommes ſenſez, du conſeil que je vous donne : conſiderez une Fontaine de cuivre à votre égard, comme vous conſiderez une ſouriciere à l'égard d'une ſouris : ce ſont là deux piéges : la grosseur de la bête à prendre en fait presque toute la différence. Bannissez donc de chez vous ces piéges redoutables, vrais ennemis domestiques, & qui, au moment que j'écris ceci, viennent de fournir deux * exemples d'un Maître & de plusieurs Domestiques empoisonnez, dans la rue de Richelieu & dans la rue sainte Anne. Servez-vous donc des filtres, & des vaisseaux que je vous propose : tournez vos premiers soins & vos premières vûes du côté de l'eau, qui nourrit & fait croître tous les corps de la nature. Par sa pureté, dont le degré dépendra de vous, quand vous connoîtrez mes différens mécanismes, elle suppléera à la connoissance imparfaite que vous avez des simples, & voici le raisonnement que je fais.

La bonne eau est l'aliment le plus essentiel à l'homme; c'est mon premier principe.

Les parties hétérogènes quelles

* M. le Président de S .... & deux Domestiques de M. Poquelin, qui ont failli à périr par la boisson d'une eau impregnée de verd-de-gris.

qu'elles

qu'elles ſoient, ſont comme le levain morbifique du pur élement, qui dégénère à une maladie ou corruption, plus ou moins ſenſible ; c'eſt mon ſecond principe.

Le premier principe eſt inconteſtable : le ſecond ſe prouve par la raiſon & par l'expérience. Dieu n'a créé qu'une eau : l'eau de la mer & l'eau douce ne different entr'elles que par plus ou moins de ſel, qui eſt étranger à l'eau : l'eau de la mer fournit l'eau douce, qui devient plus ou moins bonne ou mauvaiſe, ſuivant les terrains qu'elle parcourt : enfin l'eau douce retourne à la mer.

L'expérience nous apprend qu'on ſépare le ſel de l'eau de la mer par une lente diſtillation au bain de vapeur, & qu'elle eſt alors excellente à boire. Tout le mal de cette opération ſur mer, ne conſiſte qu'à la difficulté, à la peine, à la dépenſe, & à la petite quantité, qui ne rempliſſent pas l'objet & les beſoins des Marins.

J'ai dit dans mes obſervations que la viſcoſité de l'eau s'en ſépare par le puiſſant filtre de l'éponge : j'ajoûte maintenant, que ſi on fait paſſer du gros vin au travers d'une éponge ſerrée au point de quinze vibrations d'un pendule, d'une goutte à l'autre, il deviendra tranſparent & fort dépouillé. Si d'une première éponge on le fait paſſer dans une autre, il perdra à chaque filtrage une nuance de ſa couleur, & un degré de ſa force; tant qu'enfin on peut le réduire à la couleur de l'eau, & preſque à ſon inſipidité, qui abſolument n'eſt pas entiérement poſſible, attendu l'eſprit du vin: ce ſont là des expériences que j'ai faites: chacun peut les faire, pourvû que les filtres ſoient appliquez comme il faut. J'ai ôté par ce même moyen à l'eau de la mer médicamentée, une grande partie de ſon ſel, comme j'ai dit plus haut; mais voici une expérience aſſez frappante.

J'ai fait prendre dans le ruiſſeau de la rue de Seine l'eau la plus ſale, & mêlée avec le ſang & les ordures de la boucherie voiſine: j'ai fait filtrer cette eau corrompue dans une Fontaine marine; je l'ai rendue très-limpide, inſipide & potable.

Comment cela ſe fait-il ? C'eſt que l'eau, comme j'ai dit, n'eſt que la boëte de la corruption des parties hétérogènes qu'elle fait fermenter, & que ſéparée parfaitement des corps fermentables, elle retourne en ſon premier état.

Mais le ſable ne fera jamais ce prodige. L'éponge eſt le ſeul preſent que l'Auteur de la nature a fait à l'homme, pour le délivrer des mauvaiſes ſemences que l'eau acquiert par ſon commerce avec les parties hétérogènes de l'air, & dans les lieux où elle a repoſé.

L'éponge ſe nourrit dans l'eau, pourquoi ? Parce qu'elle vient de l'eau, & de l'eau incorruptible de la mer, pour indiquer à l'homme que c'eſt le filtre le plus ſain, comme engendré par le ſel de la ſageſſe, qu'il faut conſiderer comme l'antipode du poiſon. Si elle fermente étant laiſſée à ſec, c'eſt l'eau qui fermente en elle avec la vaſe, & qui fait revivre ſa première odeur, tout comme l'inſipidité de l'eau revit, ſi on la purge de ſa corruption; mais cette odeur de l'éponge n'a rien de dangereux ni de malfaiſant : elle s'efface abſolument, ſi l'éponge eſt toûjours couverte d'eau ; elle s'efface encore dès que l'éponge avec la vaſe qu'elle a retenue, ſe trouve entiérement deſſéchée. L'éponge n'eſt plus alors que comme un morceau de bois qui n'a point d'odeur : la raiſon en eſt, que la vaſe & l'éponge ne fermentoient que par leur union avec l'humide ; mais cet humide une fois évaporé, la fermentation ceſſe ; conſéquemment la corruption de la vaſe ceſſe auſſi, & par même moyen l'odeur de l'éponge.

Il faut cependant remarquer que l'éponge telle qu'elle vient de la mer, a une odeur de marécage très-forte, quoique ſéche ; encore plus forte ſi elle eſt imbibée d'eau ; & que le ſigne certain de la bonne préparation de l'éponge, conſiſte étant ſéche, à n'avoir aucune odeur.

Je ne dois pas manquer ici de répondre à une nouvelle objection contre la ſalubrité de l'éponge. Les Adverſaires prétendent que » l'éponge » ſe diſſout dans l'eau, & qu'il s'en » échappe des parties que l'on boit,

» & qu'il n'eſt pas poſſible de digé-
» rer ; d'où il ſuit, diſent-ils, que
» l'eau provenant du filtre de l'épon-
» ge eſt impregnée de cette diſ-
» ſolution ; & qu'ainſi conſidérée,
» elle ne peut être ni de bon goût,
» ni ſalutaire. »

Mais ces Adverſaires ne font pas ces deux réflexions eſſentielles.

La première eſt qu'après un grand nombre d'expériences que l'Académie atteſte, ils devroient avoir la prudence de ne pas s'élever contre la déciſion la plus digne de foi & la plus reſpectable ; s'il ont fait de fauſſes expériences en leur particulier, c'eſt leur faute & non pas la mienne.

N'eſt-il pas vrai que pour donner aux viandes un bon goût, il faut connoître le degré, & le temps du feu, & la régle des aſſaiſonnemens ? Par la même raiſon, pour conſerver la parfaite inſipidité de l'eau, en la faiſant filtrer au travers d'une éponge, il faut ſçavoir la préparation de cette éponge, & la conduite d'une Fontaine filtrante. Cette ſcience eſt beaucoup plus facile que celle de faire un bon ragoût : il ſuffit pour l'apprendre de faire l'expérience suivante.

Prenez des éponges fines bien saines & bien charnues : prenez garde qu'elles n'ayent pas été pourries par l'eau de la mer ; car bien qu'elles soient incorruptibles en quelque façon, il peut arriver qu'après avoir resté au bord de la mer un très-longtemps, tantôt mouillées, tantôt dessséchées ; cette vicissitude jointe à l'action du Soleil, & aux parties hétérogènes de l'air, les ait enfin corrompues, par le défaut alternatif de cette eau & de ce limon, qui font leur nourriture. Après avoir bien choisi vos éponges, mettez-les dans l'eau ; purgez-les bien de tous les sables, herbes de mer, & autres choses qui se trouvent en elles : cela fait, lavez-les bien de plusieurs eaux, en les pressant bien à chaque fois : renouvellez l'eau non-seulement jusqu'à ce qu'elle demeure limpide ; mais jusqu'à ce que vous apperceviez que les éponges n'ont plus d'odeur : laissez-les ensuite tremper en eau bien propre pendant vingt-quatre heures ; le lendemain tirez vos éponges de cette eau, que vous jetterez ; pressez-les bien, & lavez-les encore une fois : appliquez ensuite vos éponges dans les alvéoles, de façon qu'elles présentent sur le revers un bouton rond, net, & assez dur : mettez ensuite de l'eau sale dans votre Fontaine ; laissez filtrer cette eau, & jettez-la : remettez de l'eau sale ; laissez-la filtrer, & goutez-la ; vous la trouverez très-limpide, très-légère & agréable à boire.

Je sçais bien que si vous ne faites pas travailler une Fontaine ; si vous la laissez un temps considérable sans eau, & avec celle seulement qui couvre les éponges ; si vous prenez une Fontaine disproportionnée à votre usage, par exemple de deux voies d'eau sur sable & sur éponges, tandis que vous ne consumez que trois ou quatre pintes par jour, vous appercevrez d'un jour à l'autre, en flairant dans votre Fontaine, que l'odeur de la vase & du marécage augmentera ; mais faut-il remarquer les plus petites notions de Physique, même ce que chacun sçait par expérience ? c'est qu'il n'est point de filtre qui ne fermente avec la vaſe ſimplement mouillée ; il n'eſt point d'eau, qui en ſéjournant trop long-temps, principalement dans des vaiſſeaux formez de quelque métal, ne ſoit ſujette à ſe gâter.

Ainſi voulez-vous boire une eau bien inſipide & bien ſaine ? prenez une Fontaine proportionnée à vos beſoins journaliers. Si vous n'avez beſoin que d'une pinte d'eau limpide par jour, que faites-vous d'une Fontaine de dix pintes ? Si vous n'avez beſoin que de dix pintes, que faites-vous d'une Fontaine d'une voie ? Si vous n'avez beſoin que d'une voie, que faites-vous d'une Fontaine de quatre, de dix, ou de vingt voies ſur ſable ou ſur éponges ? L'eau n'eſt pas au rang des confitures : celles-ci ſont préparées pour ſe conſerver ; mais l'eau eſt toute diſpoſée à ſe corrompre, ſoit par ſon commerce avec les parties hétérogènes de l'air, ſoit par la matière des vaiſſeaux où elle repoſe, ſoit par le limon & les ordures qu'elle renferme. Le pain mollet ou du jour eſt meilleur que celui qui a paſſé deux, trois, ou plusieurs jours. Je sçais bien que la comparaison cloche un peu; mais je veux dire qu'il n'en coûte pas plus de peine de renouveller l'eau, que de renouveller le pain: ainsi les grands reservoirs de plomb, & les vaisseaux de terre, conservent mieux l'eau que les Fontaines filtrantes; pourquoi? L'eau nouvelle qui tombe sans cesse dans les reservoirs de plomb & qui chasse la première, la grande quantité d'eau, la moindre quantité des parties métalliques; tout cela fait que l'eau ne s'y gâte que rarement.

Il en est de même des grands jars de terre vernissez ou de grès, destinez à conserver l'eau pendant des années entieres. La fraicheur d'une cave, le dépôt des parties hétérogènes dans le fond, l'absence des parties métalliques, les parois vernissez, ou la terre de grès simples & homogènes, conséquemment indissolubles, ne laissent faire aucune fermentation, ni conséquemment aucune corruption.

Mais il n'en est pas de même des Fontaines domestiques. L'eau ne s'y renouvelle pas à chaque instant: elle n'y eſt qu'en petite quantité : elle eſt plus environnée de parties métalliques : les ordures & la vaſe ne vont pas au fond ; elles s'arrêtent ſeulement dans le milieu, pour ſervir de filtre avec le ſable.

Il faut donc néceſſairement éviter le ſéjour de l'eau, ou ne rien dire contre l'odeur & le mauvais goût, qui ne viennent jamais que d'un défaut d'attention.

En effet, flairez vos Fontaines ſablées, quand vous les avez laiſſées quelque temps ſans eau, vous trouverez l'odeur de la pourriture, qui vient de la fermentation du ſable du verd-de-gris, & de la vaſe ſimplement mouillée, ſans être couverte d'eau. N'avez-vous jamais apperçu le goût de la pourriture & de la fange, en buvant l'eau que vous avez laiſſé ſéjourner dans vos Fontaines de cuivre ? vous conviendrez de cet effet, ſans doute : l'expérience s'en fait tous les jours dans dix mille Fontaines de Paris. Vous-mêmes qui connoiſſez le danger du verd-de-gris, n'avez-vous pas dans la crainte & dans la pénurie où vous étiez, fait filtrer votre eau au travers d'un papier gris ? Mais qu'eſt-ce que ce papier gris ? C'eſt une matière compoſée de mauvais linges de toute eſpece, qui ſouvent ont été ſalis par les ſueurs & par les ordures des malades ; qui ont été appliquez ſur des plaies, & à une infinité d'autres uſages infiniment dégoutans, ſi vous y faites bien attention. Trouvez-vous donc que l'idée de ce papier ou de ces linges, quoique bien lavez, ſoit moins dégoûtante que celle de l'éponge ? Vous me répondrez peut-être que ce papier ne donne aucun goût à l'eau ; mais ne voyez-vous pas que vous ne pouvez pas lui en donner le temps : la matière de ce papier ne réſiſte que bien peu de temps à l'action de l'eau ; & avant que la fermentation de la vaſe s'annonce, vous êtes obligé de le jetter, & d'en remettre un autre.

Bien plus ; ne vous ſervez-vous pas pour filtrer les bouillons, les coulis de viandes, même les purgations & pluſieurs remédes, de linges, de manches, ou de blanchettes de laine ? Trouvez-vous donc que le papier, le linge & la laine, soient des filtres moins dégoutans que l'éponge ? Je demeure d'accord que ces filtres bien lavez n'ont pas d'odeur ; mais l'éponge bien préparée n'en a point aussi.

Si l'odeur de celle-ci, laissée à sec avec la vase, revit par la fermentation, du moins elle ne se pourrit pas, parce qu'elle est dans son élement ; & cette odeur s'efface, après quelque temps, par le filtrage continuel, même sur le champ si vous faites repousser vos éponges, bien laver & remettre en place ; mais mettez dans les alvéoles de mes Fontaines des filtres de papier gris, de linge ou de laine, dont vous vous servez journellement, ils se pourriront, & vous donneront, si vous les laissez sans eau, quelque temps par intervalle, non l'odeur de l'éponge, parce qu'ils n'en sont pas ; mais ils vous donneront une odeur & un goût détestable de pourriture : ainsi optez en gens sensez : vous avez l'éponge qui se nourrit dans l'eau ; vous avez le linge & la laine qui s'y pourrissent : maintenant faites bien attention aux expériences que je vous propoſe ici, & que vous pouvez faire.

Mettez du linge & un morceau d'étoffe de laine dans l'eau ſale; laiſſez-y le linge deux mois, en rechangeant l'eau ſouvent, ſi vous voulez; après les deux mois retirez le linge, il ſe mettra en charpie. L'étoffe réſiſtera environ un an avant que de ſe déchirer en la touchant.

D'autre part mettez une éponge dans l'eau; laiſſez-l'y l'eſpace de cinq ans, en ayant le même ſoin de changer l'eau, vous aurez encore votre éponge entière au bout de ce temps-là; laiſſez-la ſécher, elle aura encore du corps & de l'élaſticité. Voici maintenant une autre expérience que vous pouvez faire, pour découvrir laquelle de ces trois matières eſt la plus ſaine comme moins ſujette à la corruption.

Formez de votre linge pourri & ſec une paume, comme celles dont les écoliers ſe ſervent dans leurs récréations; faites-en autant de votre étoffe pourrie & de votre éponge ſéche; obſervez qu'elles ſoient de même groſſeur, & qu'elles ſoient fiſcelées dans un pareil degré de preſſion, afin qu'il n'y ait rien à redire à l'expérience : voilà donc trois paumes ; voyons laquelle des trois aura plus de reſſort & d'élaſticité.

Pour cela faites monter quelqu'un dans un lieu élevé, pour laiſſer tomber ſucceſſivement ces trois paumes ſur des carreaux bien unis ; remarquez les trois bonds, vous trouverez que le bond de la paume de linge ſera fort bas, celui de la paume d'étoffe un peu plus haut ; mais celui de la paume d'éponge ſurpaſſera les deux autres de beaucoup.

Perfectionnez cette expérience par une autre : faites trois autres paumes de linge neuf, d'étoffe neuve, & d'éponge neuve.

Examinez le bond de la paume formée de linge pourri avec le bond de la paume formée de linge neuf : celui-ci ſera plus haut que l'autre ; & ainſi des deux paumes d'étoffe vieille & neuve.

Examinez enſuite les deux bonds des paumes d'éponge, l'une neuve, l'autre qui aura reſté pendant cinq ans dans l'eau ; vous trouverez deux bonds égaux.

D'où viennent toutes ces différences? C'est que les filamens qui composent le linge & l'étoffe se pourrissent & se divisent, & perdent par ce moyen leur élasticité.

L'éponge au contraire se nourrit dans l'eau comme dans l'élement où elle a pris naissance : c'est pourquoi sa chair est comme indivisible ; & resistant à la pourriture qui se fait par l'eau ou par toute autre digestion même, comme j'ai déja dit, au ferment le plus chaud, qui est celui d'un chien, elle donne une forte preuve, en conservant ainsi son élasticité, qu'elle est beaucoup moins susceptible de corruption que tout autre filtre.

Comment est-ce après cela qu'on insiste à soûtenir que la dissolution de l'éponge est à craindre? L'objection à cet égard ne paroît pas digne d'attention, & je rends ceci sensible par d'autres raisonnemens simples.

L'éponge est très-saine & médécinale, comme j'ai déja dit. Qu'on donne le démenti aux Naturalistes & à l'expérience ; peu m'importe : je pars de ce principe : le fer, l'acier le verre, le diamant, ſont également très-ſains : qu'on me donne quatre balles de fer, d'acier, de verre, ou de diamant, bien polies & bien rondes, de la groſſeur d'un pois, je vais les avaler comme un noyau de cerise. Il me ſuffit que toutes ces balles trouvent l'orifice de mon eſtomach aſſez grand pour y paſſer ; & en effet elles paſſeront ſans que je m'en apperçoive & ſans me nuire.

Qu'on me donne maintenant un morceau d'éponge mouillée, bien préparée, de la groſſeur d'un pois, je l'avalerai également ſans danger ; pourquoi ? Parce que cette éponge n'eſt point un poiſon, & qu'elle n'a rien de corroſif, ni aucune qualité nuiſible : il me ſuffit toujours que l'orifice de mon eſtomach ſoit aſſez grand.

Si au contraire vous me donnez une éponge d'un certain volume ; ſi vous me donnez encore du verre ou du diamant pilé, ou un petit morceau de fer ou d'acier armé de pointes aiguës, vous penſez bien que je ne les avalerai pas.

Ainſi la différence qu'il y a entre

toutes ces choſes également ſaines, c'eſt que le verre, le diamant, le fer ou l'acier, ſont à craindre par leur volume ou par leurs pointes ; & que l'éponge n'eſt à craindre que par ſon volume.

Suppoſons maintenant, ce qui eſt vrai, que l'éponge, qui n'eſt pas abſolument ſimple & homogène, ſe décompoſe dans l'eau, qui eſt le diſſolvant univerſel : je dis que ſa diſſolution très-inſenſible n'eſt du tout point à craindre : en effet, préparez bien une éponge ; laiſſez-la ſécher ; peſez-la très-exactement ; mettez-la enſuite dans une bouteille pleine d'eau pendant cinq ans ; retirez-la après cette eſpace ; preſſez-la, & laiſſez-la ſécher ; vous trouverez le même poids, à quelque choſe d'imperceptible près.

Faites la même expérience avec une de mes Fontaines, où vous ferez paſſer une voie d'eau par jour ; (je ſuppoſe que les alvéoles contiennent demi-livre d'éponge) après cinq ans de filtrage, faites repouſſer, bien preſſer, & bien laver vos éponges, vous ne trouverez pas demi-gros à redire. Quelle est donc cette dissolution ? un demi-gros d'éponge saine par elle-même, dissout dans 1830 voies d'eau : où sont maintenant les microscopes ? Il semble que les Adversaires n'ont pas fait attention que l'alchymie la plus sublime n'a jamais pû rendre, même l'eau du ciel, si pure, malgré plusieurs distillations, qu'on n'y découvre toujours avec un bon microscope plusieurs corps hétérogènes.

La seconde réflexion qui doit vous arrêter, c'est, comme vous l'apprend le fameux M. de Reaumur dans l'Attestation rapportée dans mes premières observations pag. 25, & confirmée ensuite par deux Jugemens de l'Académie, que l'espéce du filtre est indifférente dans mes Fontaines. Employez-y le linge, la laine, la soie, le coton, ou l'éponge : n'employez que le sable, cela dépend de vous. Le mécanisme de mes Fontaines a cela de propre, qu'il se distribue à toutes les fantaisies, & présente toûjours les mêmes avantages, dont l'Académie parle dans tous les Jugemens qu'elle a rendus, & que j'ai récapitulés dans les mêmes obſervations pag. 32.

Pourquoi donc m'attaquez-vous ſur l'eſpece de filtre, ſi elle eſt indifférente? Je fais tous mes efforts pour vous faire ouvrir les yeux, principalement ſur les accidens du poiſon, ou des maladies chroniques : je vous en donne des exemples éclatans. Je vous préſente l'utile & le commode, & vous vous tournez tous contre moi : vous maniez les eſprits dans les compagnies ; vous les raſſûrez ſur les Fontaines de cuivre ; & vous ne me laiſſez à moi ſeul que la ſimple déſenſe ; mais la partie eſt-elle égale ? Une légion contre un ſeul homme, cela eſt-il bien ? Je vous céde cependant, non comme vaincu, mais comme fatigué : ainſi laiſſons l'éponge, & prenons du ſable : ce dernier ne vous eſt pas ſuſpect ; voyons ſi vous avez raiſon de le préférer à l'éponge.

Or je vous demande, le ſable eſt-il ſimple & homogène ? Vous ne ſçauriez dire qu'oui : voyez les pierres des plus beaux édifices ; les unes ſont plus dures, les autres plus tendres : les bien choisies à la carrière sont les meilleures ; elles passent à la postérité la plus reculée ; l'antiquité nous en fournit beaucoup d'exemples : mais il est d'autres pierres plus tendres qui se carient, & se décomposent beaucoup plûtôt, & presque sur le champ ; pourquoi cela ? C'est que les pierres différentes sont plus ou moins simples & homogènes : il en est de même du sable ; les grains dont il est composé ne sont pas choisis, comme l'on fait des pierres : les uns sont plus durs, les autres plus tendres & presque friables : il faut donc nécessairement qu'il se fasse une dissolution de ce sable dans l'eau : les grains tendres sont les plûtôt dissous : les plus durs à proportion durent plus ou moins ; & il en est de ces grains comme des hommes forts ou fluets ; les uns vivent plus, les autres vivent moins.

Il s'agit donc uniquement de sçavoir quelle est la dissolution la plus considérable, de l'éponge ou du sable : ce n'est pas assez ; quelle est la plus nuisible ?

Pour mesurer la dissolution du sable, commencez cette expérience dès aujourd'hui. Prenez du ſable bien lavé, & ſervez-vous-en dans une Fontaine de cuivre ordinaire pendant cinq ans ; vous trouverez au bout de ce temps-là environ un quint de votre ſable décompoſé, & qui aura paſſé dans votre boiſſon & dans vos alimens ; c'eſt-à-dire, dix livres de ſable, de cinquante que j'en ſuppoſe ; leſquelles dix livres auront été diſſoutes, non-ſeulement par l'action des parties ſalines de l'air & de l'eau ; mais encore par les parties corroſives du verd-de-gris, dont la même eau ſe trouve impregnée ; juſques-là que ſi vous faites la même expérience dans une Fontaine de plomb, d'étain, de fayance, ou de grès, vous trouverez une diſſolution du ſable, qui ſera moindre à proportion du verd-de-gris qui aura manqué.

Faiſant en même temps l'expérience d'une Fontaine de plomb ou d'étain, ou de grès, ou de fayance, ou de verre garnie d'éponges, vous trouverez donc d'un côté dix livres de diſſolution de ſable, & de l'autre environ demi-gros de diſſolution d'éponge.

Quelle énorme différence dans la quantité ! quelle énorme différence encore entre la qualité du ſable & celle de l'éponge ! La diſſolution du ſable obſtrue : elle rend l'eau vitriolique, comme je l'ai obſervé dans le Chap. I. d'ailleurs plus crue & plus lourde : elle eſt principalement nuiſible à ceux qui, comme j'ai dit, ont dans le ſang & dans les humeurs des diſpoſitions pétrifiantes : la diſſolution de l'éponge au contraire infiniment moindre, n'a d'ailleurs ni lourdeur, ni parties métalliques, ni principe pétrifiant, ni aucune qualité nuiſible : comment ſera-t-elle nuiſible, ſi elle eſt médécinale ? Mais en la ſuppoſant même nuiſible, comment pourra-t-elle nuire, ſi ſa diſſolution ne va qu'à un demi-gros dans 1830 voies d'eau ?

Suppoſons maintenant vingt perſonnes dans une famille, dans un hôtel, ou dans une communauté, qui conſument en 5 ans, pour leurs alimens, ou pour leur boiſſon ces 1830 voies d'eau ; il en revient donc pour chacune le vingtième d'un demi-gros.

Suppoſons encore par un barbariſme contre les notions les plus communes, que la diſſolution de l'éponge ſoit un poiſon, plus redoutable non-ſeulement que le verd-de-gris, mais que tout autre : il eſt très-évident que la quantité du vingtième d'un demi-gros diſtribué dans votre boiſſon & dans vos alimens de cinq ans, ne fera pas plus pour ébranler votre ſanté, que feroient les efforts d'un inſecte pour ſoulever une montagne.

Vainement les Adverſaires prétendent encore que les parcelles d'éponge qu'on peut appercevoir avec un bon microſcope dans l'eau purifiée, peuvent s'arrêter dans les reins & y produire des accidens fâcheux, quoique dans le vrai l'éponge ne ſoit pas un poiſon.

En examinant l'objection, on voit d'abord que la diſſolution du papier gris, du linge & des manches ou blanchettes de laine, a échappé aux Adverſaires ; mais je demande, la diſſolution qui ſe fait du linge ou de la laine par les bouillons & les coulis assaisonnez sortant du feu, n'est-elle pas plus considérable que la dissolution qui se fait de l'éponge dans l'eau froide & insipide. S'il y a du danger dans les infiniment petits, la dissolution sensible du cuivre, du papier, du linge & de la laine n'est-elle pas plus dangereuse que la dissolution imperceptible de l'éponge?

Allons plus loin, toûjours suivant le principe que l'eau, ce dissolvant universel, dissout l'éponge & en détache des parcelles imperceptibles. Je dis que si après cette première dissolution il s'en fait une seconde dans l'estomach, par les acides & les sels qui s'y trouvent; cette seconde dissolution, en régle de Physique, surpasse de beaucoup la première; & la division est alors si grande, qu'il n'est point de viscere qui puisse s'en obstruer. Si un homme, par exemple, avale des grains de légume cruds, il les rendra presque de même; pourquoi? Parce qu'il faut faire précéder la première digestion par le feu; mais après cette première digestion, le levain de l'estomach

tomach en fait une seconde beaucoup plus parfaite. Il en eſt de même de l'éponge : ſuppoſez une première digeſtion par l'action durable de l'eau, la ſeconde qui s'en fait dans l'eſtomach eſt beaucoup plus grande ; mais il n'en eſt pas de même des parcelles de linge & de laine, qui n'ont pas eu le temps de ſe décompoſer dans l'eau ; encore moins du ſable, dont la diſſolution faite par l'eau, s'amaſſe dans les reins & dans la veſſie, & s'y convertit aſſez ſouvent en pierre, ſuivant l'expérience univerſellement connue.

Après cela, peſons encore mieux l'objection : qu'eſt-ce que le vingtième d'un demi-gros d'éponge répandu dans les alimens & dans la boiſſon de cinq ans ? Qu'eſt-ce que ce vingtième d'un demi-gros a de comparable avec toutes les diſſolutions dont je viens de parler, & avec les ordures que les trois quarts de Paris boivent, faute de Fontaines filtrantes, principalement dans les temps où la Marne verſe ſon limon dans la Seine ? J'ai vû, & bien d'autres ont vû tous les jours, boire dans un ſeul verre d'eau, plus de limon & d'ordures peſant, que l'on ne boiroit de la diſſolution d'éponge en cinq ans.

Qu'on réfléchiſſe bien : la diſſolution de l'éponge eſt imperceptible ; il faut un bon microſcope, pour appercevoir un rien : le vaſe au contraire, & les ordures de la Seine en hyver, non ſeulement ſe laiſſent voir à tout moment ſans microſcope, même dans l'eau filtrée au travers du ſable d'une ſeule Fontaine de cuivre ; mais les yeux les plus chaſſieux & les plus foibles les apperçoivent ſans lunettes : rien n'eſt ſi vrai ni ſi connu.

Ce n'eſt donc ici qu'une querelle mal fondée en tout ſens ; mais il convient au bien public d'inſtruire ceux, qui n'ayant pas aſſez de lumières ſur les choſes naturelles, ſont expoſez à ſe laiſſer ſurprendre.

Je ne puis mieux faire pour les déſabuſer que de rapporter ici ce qui m'eſt arrivé dès les premières pourſuites que j'ai faites pour l'enregiſtrement de mon Privilége.

Un curieux, que je ne nomme pas, vint chez moi me faire la même objection que je viens de réfuter, & qu'il tenoit, me disoit-il, d'une personne qui avoit fait l'expérience de la dissolution qui se fait de l'éponge, & du goût qu'elle communique à l'eau.

Ce curieux étoit de bonne foi, & je dois observer que ce faux préjugé lui avoit fait abandonner sa Fontaine garnie d'éponges. Il me dit ingenuement qu'il avoit trouvé un goût d'éponge ou de marécage. Peut-être, lui dis-je alors, que vous l'avez laissée trop de temps sans eau, ou sans la vuider. Point du tout, me répondit-il, l'eau que j'ai fait mettre tous les soirs, a toûjours été consumée le soir d'après. Je ne répondis rien à cela ; je dis seulement à ce curieux de se reposer, & que j'étois à lui dans le moment pour le guérir de ses doutes.

Je sortis alors, & j'envoyai chercher de l'eau d'une Fontaine de cuivre ordinaire, d'un locataire qui étoit dans la même maison. Je fis remplir deux bouteilles de verre commun de cette eau, & j'en fis remplir une troisième de verre blanc, de l'eau de ma Fontaine garnie d'éponges.

Je fis ensuite porter ces trois bouteilles sur une table devant le curieux : voilà, lui dis-je, de quoi vous assûrer ou vous guérir de vos doutes, si vous pouvez distinguer sur ces trois bouteilles celle qui a été remplie à ma Fontaine. Cherchez le mauvais goût, & les parcelles d'éponges : en même temps on apporta trois verres bien rincez.

Mon curieux examina bien alors ces trois bouteilles, à l'aide du Soleil qui donnoit sur ma fenêtre ; mais après avoir bien lorgné, il dit qu'il n'avoit pas d'assez bons yeux pour voir la dissolution de l'éponge. Vous ferez, lui dis-je, cette expérience chez vous avec un microscope; voyez seulement laquelle de ces trois eaux a le goût de l'éponge. Je remplis alors un verre de l'eau d'une des bouteilles de verre commun : il la goûta sans rien dire : il goûta de même la seconde, & ensuite la troisième, toûjours en silence ; mais il retint le dernier verre à la main ; parce qu'il crut que l'eau de la bouteille de verre blanc étoit mon signalement pour la Fontaine à éponge : il parut cependant s'en méfier, crainte que je ne lui eus tendu un piége : il regoûta ensuite les deux eaux des deux bouteilles de verre commun, & allant ainsi plusieurs fois de la dégustation du verre retenu aux deux autres, il parut se déterminer enfin pour l'une de ces deux bouteilles de verre commun. Quelle est donc l'eau de la Fontaine à éponges, lui dis-je ? C'est celle-là, me dit-il, me montrant une bouteille de verre commun : elle a un petit goût imperceptible : les deux autres n'en ont point du tout. Non, Monsieur, lui dis-je, vous vous trompez ; ces deux bouteilles de verre commun ont été remplies à une Fontaine de cuivre sablée. Vous avez douté à propos quand vous avez paru balancer sur la bouteille de verre blanc ; mais comment se peut-il qu'en deux bouteilles remplies de la même eau vous trouviez un petit goût à celle-ci & rien à l'autre ? Il fut pris. Cela est vrai, me dit-il avec méfiance ; mais conduisez-moi à votre Fontaine. Je l'y menai : il tira lui-même du robinet un verre d'eau ; il la trouva très limpide & agréable à boire. Je vois maintenant, me dit-il en colère, qu'on m'a pris pour une dupe ; mais vous ne laissez pas que d'avoir contre vous la force des préjugez, & des phantômes qui épouvantent les imaginations blessées : pour moi, continua-t-il, je vais faire remettre ma Fontaine en état, & m'en servir comme je faisois auparavant : & en effet depuis ce temps-là, il ne boit pas d'autre eau que celle de sa Fontaine à éponges.

Mais la vérité n'est pas moins attaquée, & l'intérêt public exige que je la défende publiquement. Voici donc le parti que je prends pour connoître les Adversaires.

D'abord je les interpelle de donner leurs Dissertations par écrit, avec leur nom. Les ouvrages anonimes sont suspects : je me suis assez battu contre des phantômes : *Paria sunt non esse, & non apparere.* Je veux des hommes ; mais l'oseront-ils entreprendre, quand l'Académie leur impose silence ? Combien de plumes infiniment plus sçavantes & plus légères que la mienne, mettroient dans le néant leurs vaines ſubtilitez !

Il n'eſt plus queſtion ici de l'Académie : elle a trop de nobleſſe & de dignité pour vouloir remettre en queſtion ce qu'elle a jugé par pluſieurs jugemens authentiques, & après un grand nombre d'expériences faites depuis long-temps. Il n'eſt queſtion que des Adverſaires, en cas qu'ils veuillent ſe montrer ; je leur fais un défi, & je leur propoſe la même expérience dont je viens de faire le détail.

Faiſons remplir dix-neuf bouteilles des eaux différentes de dix-neuf Fontaines de cuivre, en préſence de deux hommes d'honneur, incapables de partialité : que toutes ces bouteilles ſoient portées dans un appartement, & miſes ſous la clef. Je ferai remplir enſuite en préſence des mêmes perſonnes, une bouteille de même verre & de même façon, de l'eau de ma Fontaine garnie d'éponges, & je la ferai porter dans le même appartement. Là, avant que de la confondre parmi les dix-neuf autres, elle ſera marquée par un morceau de papier collé deſſus, avec un chiffre ou une lettre de l'alphabet. Cela fait on éthiquetera toutes les bouteilles de même façon, par d'autres chiffres ou lettres.

Que les Adverſaires après cela viennent prophétiſer avec leurs microſcopes & leur goût délicat : c'eſt là où je les attends, & je ſouhaite que mon défi puiſſe les piquer au point de les faire paroître. C'eſt ici la pierre de touche ; mais ils n'oſeront s'y frotter : le pas eſt trop gliſſant, pour quiconque ne raiſonne que machinalement.

Suppoſons cependant qu'ils ſe montrent, & que placez vis-à-vis des vingt bouteilles, les uns après les autres ; c'eſt-à-dire, chacun en particulier à huit clos, en préſence ſeulement des perſonnes choiſies, ils ſe trompent avec leurs microſcopes & leurs goûts délicats. Si le premier, par exemple, accuſe le N° 2 ; celui-ci le N° 10 ; celui-là le N° 13, & que chacun manque le N° 18, que je ſuppoſe celui de la bouteille d'eau tirée à ma Fontaine à éponges ; ou, si l'on veut, que par hasard le N° 18 soit accusé concurremment avec plusieurs autres ; que conclure de toutes ces variations, si ce n'est que les Adversaires veulent tromper la Justice & le Public ?

Au reste que sert de disputer sur la nature & les qualitez de l'éponge ? Supposé (ce que je nie absolument) qu'une Fontaine bien entretenue puisse donner un goût & une mauvaise qualité à l'eau, & l'impregner d'une chimérique dissolution ; l'Académie n'a-t-elle pas décidé par son premier Jugement, que ma proposition sera susceptible d'utilité en plusieurs rencontres ? Si dans la boisson, qui est une des rencontres, il se trouve des gens qui ne veuillent pas se servir d'éponges, ils feront usage du sable, ou de tel autre filtre qui leur plaira ; mais n'est-il que la boisson où l'eau limpide en abondance soit nécessaire ? Combien d'arts & de métiers ont besoin d'une eau bien pure pour finir leurs ouvrages ? Faut-il, pour faire triompher les Adversaires, qu'une machine utile en plusieurs rencontres, tombe par cela ſeul qu'on l'accuſe à faux de manquer dans une ? Eſt-ce là l'eſprit de la juſtice & du bien public ?

Que les Adverſaires ne penſent donc pas que je leur céde : je ne demordrai jamais de la vérité ; je demeurerai toûjours ferme ſur les jugemens de l'Académie. Je ſuis trop pénétré des lumières & de la juſtice des Magiſtrats ſouverains, pour entrer un ſeul moment dans la méfiance & dans la crainte de mes ennemis.

Je m'arrête donc au filtre du ſable, comparé à celui de l'éponge ; & je dis que le ſable acquiert non-ſeulement un mauvais goût, une mauvaiſe odeur, & une mauvaiſe qualité par ſa propre diſſolution & celle du cuivre, & par la fermentation de la vaſe, ſi on laiſſe la Fontaine à ſec quelque temps ; mais qu'il n'épure l'eau qu'imparfaitement, ce qu'on vérifie encore mieux, dans les temps où la Marne verſe ſon limon dans la Seine ; pourquoi cela ? C'eſt que le ſable n'a pas le degré de preſſion convenable dans les Fontaines de cuivre qui n'en ſont pas ſuſceptibles. Il ne peut même acquérir dans les Fontaines que j'ai eu l'honneur de présenter à l'Académie en dernier lieu, qu'un certain degré de pression. Le nombre, pour ainsi dire, infini des grains qui composent le sable, laisse toûjours nécessairement des interstices entre ces grains ronds, triangulaires, quarrez, ou autrement figurez, au travers desquels passent toutes les mauvaises semences, & tous les corps hétérogènes les plus subtils, qui n'empêchent pas l'eau de paroître limpide.

L'éponge au contraire est mollette, veloutée, & susceptible de beaucoup de détours, & d'un intime degré de pression : voilà pourquoi il n'est point de si petits corps hétérogènes, qui puissent passer au travers d'un pareil labyrinthe, dont la répétition d'ailleurs, même dans les plus petits vaisseaux, est arbitraire, pour pousser la pureté de l'eau aussi loin que l'on veut.

Il faut donc convenir après des raisonnnemens si simples, dont chacun peut vérifier le solide & le vrai par des expériences, qu'à la faveur d'un filtre aussi puissant que celui de l'éponge, on peut remettre l'eau simple & homogène par elle-même, dans le premier état de la création.

Les principes pétrifians, la viscosité des eaux de puits, tous les mauvais principes des autres eaux quelles qu'elles soient, le limon de la Marne, & toutes les ordures qui sont dans l'eau de la Seine, ne sont que des accidens contraires à l'eau, dans l'état de cette création : il s'agit de les séparer de l'eau, & je dis qu'il n'y a que mes Fontaines qui soient capables de cette opération, du moins autant qu'il est humainement possible, à la faveur d'un filtre quel qu'il soit.

III.

Sur les ordures qui proviennent de l'Hôtel-Dieu, des ruisseaux, des égouts, & des bateaux des Blanchisseuses.

BIen des gens se rassûrent, en disant que l'eau sale qui provient de l'Hôtel-Dieu, des ruisseaux, des égouts, & des bateaux des Blanchisseuses, suit les berges ou les bords de la rivière, & que l'eau, à l'endroit où les Porteurs-d'eau vont puiser, ne se mêle point avec l'eau sale de ces égouts, &c. Un peu d'attention à ceci.

Les eaux qui passent sous le pont la Tournelle sont déja impregnées des eaux sales, & des égouts des Villes & villages supérieurs. Le mélange de la plus grande partie de ces saletez se rassemble sous les différentes arches de ce pont, & va se diviser à l'éperon du Jardin de l'Archevêché : à gauche, les eaux vont s'impregner de ſavon, & des ordures d'un linge de toute eſpece, des excrémens de l'Hôtel-Dieu, comme des maiſons qui ſont ſur les ponts de ce bras, & des égouts qui y aboutiſſent : à droite, elles vont s'impregner également : il n'y a là que les ordures de l'Hôtel-Dieu dont elles ſoient exemptes.

Mais toutes ces ordures ne ſuivent pas les bords ; elles vont au gré de l'eau : la rencontre des bateaux, des moulins, des trains de bois, & des éperons des ponts, les éparpillent çà & là, & les font dériver indifféremment par-tout, & dans le milieu même : ainſi les bateaux où les Porteurs-d'eau vont puiſer aſſez proche des bords, & ſouvent immédiatement au-deſſous des bateaux des Blanchiſſeuſes, ne ſont pas mieux ici que là.

Il eſt donc certain, en conſidérant le local, & les beſoins publics que la pompe du pont Notre-Dame, qui eſt au-devant de la première arche, joignant les bords de la rivière, ne peut fournir comme tous les bateaux des Porteurs-deau, qu'une eau extrêmement suspecte d'ordures & de germes de mille especes, dans les temps même où cette eau paroît assez limpide.

Les plus grosses ordures vont à la vérité par intervalles; elles sont visibles. Le Porteur-d'eau, prudent si l'on veut, les laisse passer; mais les ordures bien divisées, les liqueurs, soit des linges sales, soit des maisons, soit des égoûts, ou de l'Hôte-Dieu, sont invisibles; & à tel moment le Porteur-d'eau plonge son sceau, comme un pécheur fait de son filet, qu'il prend plus ou moins, ou rien du tout. Rien n'est plus dégoûtant que le risque de toutes ces alternatives: la pensée seule engloutit le cœur.

Quelle est donc la sécurité; où est même le bon sens, de vouloir épurer une eau si suspecte, par un mêlange affreux de toutes sortes d'ordures, au travers d'un filtre impuissant comme le sable, & dans une Fontaine d'un métal si facile à dissoudre, même dans l'eau la plus pure?

Ce n'est point pour faire triompher les nouvelles Fontaines, que je qualifie de filtre impuissant le sable des Fontaines de cuivre : que gagnerois-je vis-à-vis d'un public comme celui de Paris, qui fourmille de bons Physiciens ? Or c'est à ceux-ci que j'adresse les réflexions suivantes : elles sont fondées sur des régles certaines, & sur l'expérience.

C'est une régle que tous les corps dont la pésanteur spécifique est plus grande que celle de l'eau, perdent dans l'eau autant de leur poids comme en a l'eau, dont ils occupent la place.

Fondé sur cette régle, je dis que le sable, qui n'est qu'un assemblage de grains plus ou moins petits, est comme surnageant entre deux eaux. Si un grain de sable descend au fond ; c'est qu'il est un peu plus pesant que l'eau ; mais tous les grains ensemble ne pesent pas sur le fond ; parce qu'ils perdent autant de leurs poids, comme en a l'eau dont ils occupent la place ; & la pression des grains manquant, attendu que les grains du dessus ne pesent pas sur ceux du dessous ; il en résulte, suivant l'expérience

rience des Fontaines de cuivre, une eau ſavonneuſe & blanchâtre, comme j'ai obſervé plus haut. Le gros limon s'arrête, parce que ſon volume ne lui permet pas de paſſer; mais le limon ſubtil trouve par-tout des iſſues.

Je conviens que le ſable mal diſpoſé, c'eſt-à-dire, ſans preſſion, donne une plus grande quantité d'eau, dans les hôtels principalement, où il s'en fait une grande dépenſe; mais que ſert la quantité, quand la bonté manque? Ne vaudroit-il pas mieux faire uſage de deux grandes Fontaines, formées d'une matière ſaine, de la contenance d'autant d'eau que chaque particulier a beſoin dans le cours d'une ſemaine? Par ce moyen l'eau repoſant alternativement pendant pluſieurs jours, on auroit cet avantage de boire une eau auſſi pure que celle des Fontaines de cuivre, ſans ſe ſervir d'aucun filtre; & ſi par cette pratique l'eau ne peut être ni exactement limpide, ni abſolument ſaine, à raiſon du limon ſubtil, du moins auroit-on l'aſſûrance de ne rien riſquer du côté du poiſon.

O

Il y auroit même un moyen facile d'épurer l'eau plus promptement par le moyen du repos : ce feroit à mon avis, de ne faire rincer que rarement les grands vaiſſeaux deſtinez aux repos de l'eau ; pourquoi ? Parce qu'à chaque fois que le Porteur-d'eau viendroit remplir alternativement un de ces vaiſſeaux, il ſe feroit des tourbillons dans l'eau, qui feroient remonter toute la vaſe dépoſée dans le fond ; & les grains de cette vaſe, qui auroient acquis plus de volume, en ſe joignant les uns aux autres par le repos, venant à remonter & à ſe remêler dans l'eau, entraîneroient plus facilement par leur volume & leur poids, les grains beaucoup plus petits du limon contenu dans la nouvelle eau ; de même que deux goutes d'eau aſſez proches l'une de l'autre, ont de l'amour l'une pour l'autre, & s'uniſſent, pour ne former qu'une goute qui tombe alors par ſon poids ; de même pluſieurs grains de limon s'uniſſent, & devenant plus peſans ſe précipitent plutôt.

Il n'eſt point de ſi petit grain de limon qui ne ſoit plus peſant que l'eau dont il occupe la place ; tout comme il n'eſt point d'atôme qui ne ſoit plus peſant que l'air ; mais le plus grand poids de l'un & de l'autre eſt quelque choſe de ſi imperceptible, qu'il ne faut pas être ſurpris s'ils deſcendent ſi lentement dans l'eau ou dans l'air, qui leur font preſque équilibre.

Ainſi de même que le degré de viteſſe dépend de la force du moteur ; de même le degré de viteſſe de la chute au fond de l'eau, dépend de la force du poids qui tombe.

D'où vient qu'une poignée de boue deſcend ſur le champ au fond de l'eau ? C'eſt l'union des grains qui la compoſent, & qui font un poids éloigné de l'équilibre avec l'eau.

D'où vient qu'un ſeul grain imperceptible reſte ſi long temps à deſcendre ? C'eſt qu'il fait preſque équilibre, & qu'à chaque progrès de ſa chute, trouvant cét équilibre, il n'avance pas plus dans un inſtant que dans l'autre.

Ainſi je ne crois pas m'éloigner du vrai, en disant d'après l'expérience, qu'il ne faut rincer que rarement les vaisseaux destinez au repos de l'eau, afin d'occasionner par-là l'union des grains du limon, & une chute plus rapide, par le plus grand poids de plusieurs grains joints ensemble.

A l'égard de la propreté, il y en a moins dans les Fontaines de cuivre : le limon y séjourne également, ou prêt à se remêler dans l'eau, ou fixé dans les interstices du sable; mais avec plus de danger, attendu le mêlange du verd-de-gris. D'un côté le sable vitriolique de la rivière se développe dans le menstrue de l'eau: de l'autre le cuivre se dissout encore plus facilement par la proximité d'une eau, quoiqu'imperceptiblement impregnée du vitriol du sable; & ces deux qualitez cuivreuses ou vitrioliques, & conséquemment de même nature, ne trouvant pour se joindre qu'un très-léger étamage entre deux, il en résulte le dépérissement plus subit de cet étamage, & le danger terrible d'un poison dont bien des gens sont la victime assez souvent sans le sçavoir ou sans le croire; en un mot, dont on ne peut échapper à Paris & ailleurs que par le séjour fort court d'une grande quantité d'eau. Mais est-ce assez d'échapper d'un poison subit & manifeste, si on a toûjours à craindre des maladies inconnues, & la mort même, par le trop long usage d'une boisson suspecte? C'est là le fruit de l'ignorance & de l'inattention sur un vaisseau de cuivre, qui présente toûjours le poignard sur le sein. Voilà pourquoi un Physicien * a dit autrefois qu'il falloit recourir à l'autorité des Magistrats pour faire cesser un si grand mal: *Boni viri officium fuerit ad Magistratum hæc referre ..... ut aquas hujusmodi ..... amplius parare ..... non liceat.*

Je reviens à ma digression sur le poids du limon, & je dis qu'il en résulte la conséquence de la régle que j'ai établie ci-devant: c'est que l'union de plusieurs grains de sable

* *Evonym. de rebus medicis, &c.* pag. 86.

au fond de l'eau, n'empêche le passage des corps hétérogènes qu'à raison du poids qui s'oppose au passage de ces corps.

Or le sable ne pese pas assez dans l'eau, & il faut conséquemment le fixer, en lui donnant un poids qui le presse, & qui en resserre les interstices, au moyen d'une plaque de plomb assez épaisse; mais voilà le mécanisme qui ne peut se pratiquer dans les Fontaines de cuivre, qui péchent donc par la mauvaise qualité du métal, & par leur construction.

Un peu d'attention à ceci, quoique très-simple. Pourquoi est-ce que les éponges bien appliquées & avec force dans les alvéoles de mes Fontaines, donnent une eau si belle? C'est que leur pression imite le poids.

Pourquoi est-ce que les pierres poreuses font encore l'eau si belle? C'est que les grains de ces pierres sont intimement unis les uns aux autres, & que cette union imite la pression & le poids.

Pourquoi eſt-ce que les eaux des ſources ſont ſi belles ? C'eſt qu'elles paſſent au travers d'un ſable ou d'un terrain extrêmement ſerré.

Il n'y a donc qu'à imiter la nature : ceux qui peuvent faire de la depenſe, & qui préferent un grand volume de ſable, quoïqu'embarraſſant & difficile à laver, à une poignée d'éponges, qui eſt cependant pour le filtrage de l'eau ce qu'il y a de meilleur & de plus commode, n'ont qu'à ſuivre ce que je leur dis ici.

Quand la Marne verſe ſon limon dans la Seine principalement, qu'ils faſſent repoſer leur eau dans deux de mes Fontaines alternatives, comme je viens de l'obſerver : qu'ils faſſent enſuite garnir de cette eau repoſée une autre Fontaine de mon mécaniſme avec des bans de ſable preſſez par des plaques de plomb : & vo[illegible]'avantage qui leur en réſultera. Leurs Fontaines iront fort longtemps ſans être obligez de faire laver le ſable ; l'eau en ſera beaucoup plus belle & plus ſaine : pourquoi ? Parce que toute la vaſe, qui ordinairement obſtrue le ſable, aura reſté dans les Fontaines alternatives de repos.

Il s'agit maintenant de ſçavoir ſi une plaque de plomb ſur chaque banc de ſable, peut aſſez comprimer ce ſable pour qu'il imite la pierre poreuſe? Or cela dépend de la qualité du ſable & de ſa fineſſe, de la profondeur des bancs & du poids des plaques de plomb. Ceci ne peut bien ſe faire entendre qu'on ne voye des figures, avec des explications par des lettres indicatives: c'eſt ce que je me ſuis propoſé de faire par un Livre que je donnerai dans la ſuite, ſi celui-ci eſt bien reçu du Public.

Pour le préſent, il ſuffit de calculer le poids du plomb dans l'eau, pour induire le degré de preſſion qu'il peut donner au ſable.

Or la péſanteur ſpécifique de l'eau à l'égard du plomb, eſt comme 1 à 11: ſuppoſez donc les plaques de plomb de chaque banc de ſable, de 11 livres peſant chacune; l'eau qui tiendroit la place d'une de ces plaques,

ques, ne pesant par supposition qu'une livre, il resteroit dix livres pesant sur le sable ; & de-la il faut conclure que le plus grand ou le plus petit poids de la plaque, laissera filtrer plus ou moins d'eau, & plus ou moins belle, suivant le degré de pression.

De-là il faut conclure encore que ce n'est pas la peine d'aller chercher des pierres poreuses, quand on peut s'en faire avec un sable choisi, au moyen du méchanisme que je propose ici, & qui est l'unique dans ce genre, pour retenir les ordures de la rivière avec moins de danger pour le principe pétrifiant, & sans aucun danger du côté du cuivre.

IV.

Sur le principe pétrifiant de l'eau d'Arcueil, & du moyen de le retenir par le filtre de l'éponge.

A L'égard de l'eau d'Arcueil, on trouve des gens qui disent que cette eau est anti-pétrifiante, par la raison seule de sa limpidité. Tout n'est qu'opinion dans ce monde; mais les expériences sont faites pour détruire les faux préjugez.

L'expérience apprend que les tuyaux de conduite de l'eau d'Arcueil s'incrustent intérieurement d'un tuf de pierre assez dur & blanchâtre, qui les bouche peu à peu, & les fait crever par la résistance & le poids de l'eau, qui ne trouve plus assez de fuite.

Les tuyaux de la pompe du pont Notre-Dame ne présentent pas la même expérience: on y trouve seulement de la boue plus grasse que dure.

D'où viennent toutes ces différences ? C'eſt que l'eau d'Arcueil a un principe pétrifiant qui s'arrête ſur les parois des tuyaux, qui s'y attache, & qui durcit de ſa nature. Le limon de la Seine au contraire ne tient que du terreſtre, qui ne ſe change jamais en pierre dans l'eau de cette rivière, parce que cette eau n'a point en elle le principe pétrifiant.

De ce que je dis, que l'eau d'Arcueil incruſte les tuyaux de plomb, ce qui eſt vrai, & ce qu[e] chacun ſçait; on croira peut-être que je veux inſinuer qu'elle incruſte les tuyaux de conduite dans la veſſie : je ne dis pas cela tout-à-fait ; mais je n'en rabattrai pas beaucoup à l'égard de certains tempérammens ſujets à des obſtructions, ou qui ont des diſpoſitions pétrifiantes dans les humeurs, tels que ceux qui ſont ſujets à la pierre ou à la gravelle.

En effet, qu'on faſſe filtrer l'eau d'Arcueil au travers d'une ſeule éponge preſſée dans une alvéole, au point qu'elle ne donne qu'une goutte d'eau de 30 en 30 vibrations d'un pendule, on trouvera, en fournissant toûjours une nouvelle eau, que la goutte ne tombera qu'après un plus grand nombre de vibrations, & que ce nombre augmentera tous les jours en continuant le filtrage.

D'où vient cela ? C'est que le principe pétrifiant est une dissolution des carrières de pierre où ces eaux passent : la preuve en résulte des tuyaux de plomb incrustez, & par analogie, des congellations qui se forment de l'eau de roche, quoique très-limpide ; & la dissolution est si grande, que la matière pierreuse extrêmement divisée, imite comme le sel divisé dans l'eau de la mer, qui n'en est pas moins transparente.

Ce principe pétrifiant trouvant donc une digue dans l'éponge extrêmement serrée, l'obstrue peu à peu, & laisse compter un plus grand nombre de vibrations du pendule d'une goutte à l'autre, & par proportion d'un jour à l'autre ; expérience qu'on peut faire encore, & qui prouve la rétention & le dépôt du principe pétrifiant qui obſtrue l'éponge, & néceſſairement les filtres que la nature a mis dans le corps de l'homme.

En effet, après un mois de filtrage continuel, qu'on repouſſe l'éponge; qu'on la lave d'une ſeule eau, ſans la jetter: on trouvera, quoiqu'on l'aye miſe bien propre & bien rincée dans l'alvéole, qu'elle aura ſali la même eau; & celle-ci, en la laiſſant repoſer, indiquera au fond le principe pétrifiant; ce qui eſt la même expérience que j'ai rapportée dans la première Partie ſur la viſcoſité de l'eau de puits.

Ce fait une fois bien reconnu, on reconnoîtra auſſi que mes Fontaines, principalement les marines, ſont très-propres à purifier l'eau d'Arcueil & celle des puits, de deux vices qui demandent très-grande attention.

Si après ce que je viens de dire, ſans autre autorité que la mienne, on regarde encore comme une viſion le principe pétrifiant de certaines eaux, j'appelle les Maîtres à mon ſecours.

Venette, célebre Médecin de la Rochelle, que j'ai encore cité dans la première Partie, parle de différentes eaux qui incrustent de pierre, ou qui durcissent tout ce qu'elles touchent, & je rapporte ici ses propres termes.

» L'Empereur Fréderic, au rapport d'Albert le Grand, ne pouvoit croire ce que l'on disoit d'admirable de la vertu d'une eau qui est en Jutlande, auprès de Lubek. Pour cela il donna à un de ses valets de pied un de ses gands, marqué de son cachet, pour en tremper une partie dans cette eau : le valet de pied le lui rapporta tout incrusté de pierre, dans la partie qui avoit touché l'eau.

» Il y a en Hongrie des ruisseaux où l'on trempe du bois, qui vient quelque temps après dur comme du fer, & qui sert de pierre à aiguiser.

» Dans la ville de Bakan, au royaume d'Ava, la rivière de Pegu fait dans l'espace de dix lieues, des pétrifications essentielles des bois qui

» y tombent, ſelon le rapport du Pe-
» re de Chats, Jéſuite. »

On voit d'autres exemples dans la *Biblioth. Chem. Curioſ. tom. I. p.* 426. Ovide parle d'un fleuve dont l'eau pétrifie les entrailles, & tout ce qu'elle touche.

Flumen habent cicones, quod potum ſaxea reddit
Viſcera, quod tactis inducit marmora rebus.

M. l'Abbé Rouſſeau, Médecin de Louis XIV. dans ſes Secrets p. 163. parle encore de la tranſmutation qui ſe fait par le ferment pétrifiant. Voici ce qu'il dit :

» La vertu pétrifiante eſt ſurpre-
» nante dans les déſerts de l'Arabie :
» l'on y trouve des melons, des ſer-
» pens, des champignons, du bois,
» & même de groſſes buches pétri-
» fiées, pour avoir reſté ſur la terre
» quelque temps dans ces déſerts, &
» ſur les bords de la mer rouge,
» comme je l'ai vû de mes yeux, où
» ceux qui avoient paſſé en cara-

» vane les avoient laissez tomber »

Qu'on raisonne après cela tant qu'on voudra, sur le principe pétrifiant de certaines eaux, ou de l'humidité de l'air en certains pays ; je n'ai plus rien à dire, si on ne me fait d'autre objection, que celle de dire tout simplement, que la limpidité de l'eau d'Arcueil prouve qu'elle est anti-pétrifiante.

Je tire maintenant cette conséquence du second principe que j'ai établi plus haut ; & je dis que si vous purgez votre eau de toutes les parties hétérogènes, qui en sont le levain morbifique, soit insectes, ordures, verd-de-gris, ou principe pétrifiant, vous éviterez bien des maladies, souvent la mort : & si vous n'avez pas une entière connoissance des simples, du moins vous n'en aurez pas un si grand besoin, & vous vivrez plus long-temps.

V.

Si l'usage des vaisseaux de plomb est exempt de danger.

LEs Adversaires renouvellent enfin leur objection contre le plomb : ils veulent faire envisager ce métal, comme aussi dangereux que le cuivre : la céruse, la dissenterie, les maladies des Plombiers, & l'autorité de Galien, sont les raisons qu'ils sement dans le Public, pour faire tomber la matière que je destine à former les nouvelles Fontaines.

Mais indépendamment de ce que j'ai dit dans la première Partie à cet égard, & de tous les autres moyens que j'y propose, pour contenter le goût & les facultez d'un chacun ; j'ajoute ici qu'il est évident que les Adversaires ont puisé leur objection dans le Traité de Primerose, sur les erreurs vulgaires de la

Médecine ; mais il n'y a pas de bonne foi d'oppoſer l'objection d'un Auteur, & de ſupprimer ſa réponſe. Voici donc l'objection de Primeroſe & ſa réponſe : elles ſont dans le Livre III. Chap. II.

OBJECTION.

» Les tuyaux de plomb paſſent
» pour dangereux, à cauſe de la cé-
» ruſe qui y naît, qu'on dit être
» nuiſible aux corps, par l'exemple
» des Plombiers qui en deviennent
» tout malades, ou du moins fort pâ-
» les. Galien même n'improuve-t-il
» pas l'eau qui a paſſé au travers des
» canaux de plomb, dans l'opinion
» qu'il a que certaines raclures ou
» excrémens du plomb, ſe mêlant
» parmi l'eau, cauſe des diſſente-
» ries ? & c'eſt pour la même raiſon
» qu'il ne ſe ſervoit jamais de vaiſ-
» ſeaux d'étain pour conſerver ſes
» médicamens, ſçachant que les Po-
» tiers ont coûtume de le falſifier,
» en y mêlant du plomb, & c'eſt
» pour ce ſujet auſſi que nos An-

» ciens fuyoient les tuyaux de » plomb. »

REPONSE.

» L'expérience néanmoins a fait » connoître dans ce siécle tout le » contraire ; puisque les Allemands, » les François, les Hollandois, & » un grand nombre d'autres Nations, » s'en servent à présent fort bien, » sans la moindre incommodité : car » l'eau n'a pas assez de force pour dé- » tacher la céruse du plomb, n'y » ayant que les esprits acides & âcres » capables de le faire par leur ver- » tu, ainsi que ceux qui se trouvent » dans les sucs de limon, de berbe- » ric, & dans le vinaigre. Je con- » clus de-là, qu'à moins que les eaux » ne se trouvent imbues des esprits » vitrioliques, ou d'autres liqueurs » âcres & corrosives, elles ne déta- » cheront jamais la céruse. Or il y » a une fort grande différence entre » les ouvriers qui travaillent à la fu- » sion du plomb, & qui hument ses » vapeurs & ses fumées, qui les ren-

» dent ensuite malades ; & l'eau froi-
» de qui congele plûtôt le plomb
» que d'en faire sortir quelque cho-
» se : en quoi certes, Galien paroît
» avoir été trop superstitieux, en
» l'accusant de causer la dissenterie :
» que si cela est arrivé quelquefois,
» la cause en provenoit du vice des
» eaux, & point du tout des con-
» duites de plomb. J'avoue que les
» vaisseaux d'étain ne sont point pro-
» pres à conserver les médicamens,
» qui étans âcres ou aigres pour la
» plûpart, ou bien ayant d'autres
» qualitez soit naturellement, ou par
» la fermentation, gâtent quelque-
» fois l'étain. Par la même raison les
» vaisseaux de plomb sont moins pro-
» pres pour servir aux distillations,
» d'autant qu'il se détache beaucoup
» de plomb, & par la violence du
» feu, & par les liqueurs différentes
» des herbes qui se mêlent après dans
» les choses distillées ; au lieu que
» l'eau pure & simple, telle que nous
» supposons être transportée par ces
» tuyaux-la ; est exempte de ces qua-
» litez suspectes : ainsi voyons-nous

» quantité de gens de guerre, por-
» ter fort long-temps dans leurs corps
» des balles de plomb ſans incom-
» modité. Or encore que l'on doive
» à leur défaut préférer les canaux de
» terre à tous les autres ; toutefois
» on peut ſe ſervir avec beaucoup
» d'utilité de ceux de plomb. Quant
» à ceux d'airain, il eſt dangereux
» de s'en ſervir, à cauſe du verd-de-
» gris qui y vient naturellement, &
» qui étant entraîné par l'eau, ronge
» les inteſtins. »

Après une déciſion ſi expreſſe, qu'on raiſonne tant qu'on voudra ſur les métaux : du moins eſt-il temps de raiſonner, après deux cens ans de l'abus le plus condamnable de la ſanté publique ; mais faut-il des vaiſſeaux ſolides ? Qu'on cherche tant qu'on voudra, il n'y a que le plomb & l'étain.

Il faut cependant obſerver à l'égard de ces deux métaux, que le plomb eſt ſuſpect de cuivre ; c'eſt ce qui fait que dans la fuſion les Plombiers mal aviſez deviennent ſouvent malades, en humant les mauvaiſes vapeurs de ce métal, même de l'arsenic, qui est dans tous les métaux; mais cela n'arrive jamais à ceux qui fondent le plomb pour le réduire en tables propres au Laminoir, parce qu'ils ne se servent que de plomb affiné.

Maintenant pour assûrer le Public que le plomb affiné est propre à former des vaisseaux sans danger; il est bon de remarquer que l'affinage se fait dans la grande coupelle des mines, pour séparer l'argent du plomb: c'est dans cette opération que le cuivre & l'arsenic s'évaporent; le plomb se convertit en litarge; & celle-ci se reconvertit en plomb, lequel alors a acquis la pureté & la douceur nécessaire, pour s'etendre & obéir au Laminoir; mais sans affinage, le laminoir trouvant du cuivre ou autres minéraux plus durs, indique l'impureté du plomb par des écailles ou feuillures sur sa surface.

Voilà pourquoi les Anglois ne font usage pour leurs Fontaines que du plomb laminé, qui a nécessairement passé par l'affinage, & qui a conséquemment acquis la pureté, la douceur, & la salubrité.

A l'égard de l'étain pur, il est encore meilleur que le plomb, même sans aucun soupçon, suivant toutes les écoles de Médecine; du moins en ce qui concerne les vaisseaux destinez à filtrer ou à conserver l'eau: car pour ce qui est des autres liqueurs, comme les acides, les salines ou spiritueuses, comme le vin, elles ont la force avec le temps de dissoudre l'étain & le plomb.

Indépendamment de ce que dit Primerose à ce sujet, on peut ajoûter un terrible exemple * qu'on a vû en Allemagne, où plusieurs milliers d'hommes ont péri, pour avoir bû des vins reposez dans des vaisseaux de plomb: à l'égard de l'étain, on a remarqué qu'ils les rend émetiques avec le temps.

Ces différences ainsi remarquées, je dis avec les écoles de Médecine, & fondé sur l'expérience universelle, que le plomb seul & l'étain seul, ré-

* *Zelleri. Dissert. de vinis lithargyro mangonizatis.*

ſiſtent au menſtrue de l'eau commune ; & de-là je conclus que ſi les Potiers mêlent quelque peu de plomb parmi l'étain, ce mêlange eſt toûjours ſupérieur au plomb pur ; ainſi cette fraude n'attaque que la bourſe & non la ſanté.

Je vais maintenant au-devant des fraudes qui peuvent intéreſſer la ſanté, & je dis que s'il arrive qu'on mêle parmi l'étain quelque peu de cuivre, ou de régule d'antimoine, ou d'arſenic, l'étain de beaucoup ſupérieur en quantité, ſaiſit ces mêlanges, & les enchaîne de façon, que le menſtrue de l'eau tout ſeul, ne peut les diſſoudre. Les mêlanges du bon & du mauvais ont ſouvent cela de propre dans la Chymie, qu'il ne peut en réſulter ni bien ni mal dans certains cas : par exemple dans la compoſition du verre blanc, dit criſtal ; dans les vaiſſeaux de fayance encore, & dans les terres communes verniſſées, il y entre du minium, du cuivre & de la céruſe, qui eſt un autre poiſon très-dangereux : cependant rien n'eſt ſi ſain que le criſtal,

la

là fayance, & la terre vernissée par la préparation & le mêlange de certaines matières, & par leur coction. D'où vient maintenant que le poison enchaîné ne peut pas nuire ? C'est vraisemblablement comme dans les remédes, où l'on voit que les mêlanges & les doses tirent le bon du mauvais.

Il en est de même de l'étain. La fragilité qu'il donne aux autres métaux qui sont mêlez avec lui, est un signe de sa plus grande dureté, & conséquemment de la nouvelle force qu'il acquiert, pour enchaîner une petite quantité de cuivre, & le défendre du menstrue de l'eau.

Voilà pourquoi nous voyons ces caffetieres du Levant, dont le fond est de cuivre; mais dont l'étamage qui differe du nôtre, les défend absolument de jetter leur verd de-gris. Quelle est donc la cause de cet effet ? C'est que les Orientaux ont trouvé le secret de préparer leur étain avant que de l'employer à l'étamage. Mais pourquoi ne tache-t-on pas de découvrir ce secret si important ?

Pourquoi tant de voyageurs qui vont & qui viennent du Levant, ne nous l'apportent pas, lorſque tous le Livres de Médecine nous donnent tant de funeſtes exemples de la trop facile diſſolution du cuivre, & que nous en voyons nous-mêmes tous les jours?

Ceux qui ont cherché la pierre philoſophale ont trouvé par haſard que la pierre calaminaire jaunit & durcit le cuivre rouge, au point qu'il ne produit pas ſi facilement le verd-de-gris. C'eſt donc là un indice que la dureté d'un étamage comme celui des Orientaux, eſt le ſeul moyen d'empêcher le cuivre de ſe diſſoudre.

Ainſi j'invite ceux qui ont étudié la nature, de s'appliquer à la découverte de ce ſecret. J'ai travaillé dans cette partie avec l'étain, la pierre calaminaire, l'argent, le zinch, le borax, &c. mais je n'ai pas trouvé encore ce que je cherchois, peut-être par la faute de l'ouvrier qui a mal exécuté. J'ai cependant trouvé quelque choſe d'équivalent, dont je parlerai dans la ſuite.

Je reviens à la petite quantité de cuivre que les ouvriers peuvent mêler parmi l'étain ; & je dis que l'étain eſt plus propre à l'enchaîner, que l'argent qui produit dans ce cas le verd-de-gris : voilà pourquoi ceux qui ſe ſervent de caffetières, de ſalières, d'huiliers, de caſſeroles, & de marmites d'argent, riſquent toûjours quelque peu, parce que ce métal ne donne pas aſſez de dureté ; & c'eſt ce qui fait que l'eau, l'huile & les graiſſes, en détachent toûjours le verd-de-gris.

Le mêlange au contraire de l'argent & de l'étain, fait une compoſition dure & fragile ; & il en eſt de même du fer mêlé avec quelque peu de cuivre qu'il apporte de la mine ; cependant l'argent mêlé avec un peu de cuivre, produit le verd-de-gris, parce que le cuivre n'y eſt pas aſſez reſſerré, & l'étain ou le fer mélez de même ne le produiſent pas.

Remarquez cette différence : un vaiſſeau formé d'un argent mêlé avec un peu de cuivre, jettera toûjours ſon verd-de-gris tant qu'il ſera vaiſſeau ; la raiſon en eſt que le peu de cuivre ſe trouve mêlé avec l'argent dans une égale proportion, tout comme un demi-ſeptier de vin dans ſix pintes d'eau : tirez donc de là cette conſéquence, que le cuivre eſt extrêmement corroſif, puiſque l'argent, qui eſt un métal parfait & inalterable par le feu ni par aucun menſtrue, ſi ce n'eſt l'eau forte, ſe diſſout cependant par l'action de quelque peu de cuivre, qui le déchire & le réduit en poudre avec le temps. Voyez maintenant ſi les tuniques de l'eſtomach & des inteſtins ſont d'une étoffe plus forte que l'argent.

Il n'en ſera pas de même d'un vaiſſeau de ſer, où il y a quelque peu de cuivre. Le fer dans l'eau ſe convertit de lui-même tout entier en rouille. A la longue, ce ne ſera qu'une poudre impalpable ; mais il n'y aura point d'atôme de cette poudre, où il n'y ait une infiniment petite parcelle de cuivre, bridée de par-tout par la quantité & la dureté dominante du fer, qui ne lui permet pas de nuire à la ſanté de l'homme.

De ces réflexions, je ne veux pas cependant conclure qu'on doive ſe ſervir pour les nouvelles Fontaines, d'étain mêlangé de cuivre, de régule, d'antimoine ou d'arſenic; mais je dis qu'on peut faire uſage d'étain pur, ou mêlé de plomb, ou de plomb pur ſans danger.

A l'égard des vaiſſeaux de fer du ſieur Premery, qui avoit le Privilége d'une manufacture royale de toutes ſortes d'uſtenciles de cuiſine, il ſeroit à ſouhaiter que l'uſage en fut auſſi propre & auſſi ſolide qu'il eſt ſain. L'étamage de ces vaiſſeaux eſt trop mol & trop léger pour les défendre de la rouille: il eſt vrai que cette rouille eſt ſalutaire; mais il y a trois inconvéniens: 1°. Elle donne une couleur déſagréable à l'eau. 2°. Les vaiſſeaux ſe noirciſſent d'abord. 3°. Ils dépériſſent tous les jours, & au point qu'ils ſe criblent de par-tout; ce qui n'a pas convenu à la délicateſſe, à la propreté, ou à l'œconomie du Public.

Voilà pourquoi Meſſieurs les Médecins recommandent tant à ceux qui travaillent pour l'utilité publique, de donner aux vaiſſeaux de fer une plus forte épaiſſeur d'étain pur, que celle des retamages ordinaires; mais chacun ſçait que juſqu'ici perſonne n'a trouvé le ſecret de faire prendre au cuivre & au fer une plus forte épaiſſeur d'étain : ces deux métaux, ſuivant le méchaniſme des retamages ordinaires, ne peuvent en prendre qu'une très-légère pellicule, remplie de pores, à la faveur deſquels l'eau s'inſinue, & va toucher le cuivre ou le fer. Je me ſuis donc attaché à cette partie eſſentielle : j'y ai travaillé à l'aide d'un ouvrier qui exécutoit devant moi ce que je lui diſois, & ſi après une infinité d'expériences je n'ai pas trouvé l'étamage des Orientaux, du moins j'ai trouvé le moyen de donner au cuivre & au fer telle épaiſſeur d'étain que je veux. La purification de l'étain, l'eſpèce du feu, & le méchaniſme des outils que j'ai inventez, ſuffiſent pour cette opération. Cette compoſition eſt cependant aſſez chère : outre le cuivre ou le fer, la quantité d'étain fin, & la main des ouvriers, multiplient considérablement la dépenſe ; mais il peut en réſulter beaucoup d'autres utilitez que celle des nouvelles Fontaines. A leur égard, je penſe que le fer-blanc retamé à peu de frais, (ſuivant le ſecret que j'ai annoncé dans la première Partie,) & le bois étamé de pluſieurs manières, conviendront principalement à ceux qui ne voudront pas ſe ſervir des Fontaines de plomb, ou de celles de fer, ou de celles de cuivre, dont l'étamage eſt trop couteux.

Maintenant faut-il des vaiſſeaux hors de tout ſoupçon des parties métalliques? Je dis qu'il n'y a que la terre & le verre ; mais où trouvera-t-on des Fontaines formées de ces deux matières, qui contiennent quatre on cinq voies d'eau ſur ſable & ſur éponges, & qui ſoient ſolides, ſi on n'a pas recours aux ſecrets que j'ai annoncez dans la première Partie? Il eſt vrai qu'il eſt peu de gens qui veullent courir le riſque de voir peter leurs Fontaines par les grands froids ; mais je suis en état de procurer au Public toutes les facilitez & tous les avantages qu'il peut désirer de ce côté-là. Tout dépend d'un seul point, c'est l'enregistrement de mon Privilége ; ce n'est qu'avec ce titre qu'on peut trouver une Compagnie d'honnêtes gens solvables pour établir une Manufacture royale au profit du Public ; mais sans ce titre, on ne trouve ordinairement que de ces hommes que la Loi appelle *fortunis inhiantes*, & qui venant se présenter sans qu'on les demande, n'ont, en place des fonds nécessaires, que l'art de tendre des piéges pour se faire des établissemens ; mais est-ce là le moyen de faire réussir les entreprises utiles au service du Roi & du Public ?

VI.

VI.

Jugemens de l'Académie.

SI j'avois fait quelque joli colifichet, je ne pourrois pas rapporter ici des Jugemens de l'Académie; chacun sçait qu'elle n'en donne point si elle ne voit l'utile, ou l'agréable joint à l'utile. Un automate, par exemple, qui par le moyen de plusieurs ressorts marcheroit ou danseroit, ou feroit d'autres mouvemens singuliers, seroit quelque chose d'assez curieux vis-à-vis de ceux qui ne sçavent pas que quand un mouvement est trouvé, on peut en faire tout ce qu'on veut, à force de travail & de méditations. Un homme qui en seroit venu jusqu'à ce point par un talent naturel, ne seroit pas bien estimable, si pour pareilles inventions il alloit se regarder comme le Prince des mécaniques.

J'ai vû chez les Allemands, je ne

dis pas des marionnettes; mais des automates, qui à la déclamation près, jouoient une tragédie dans toutes les régles, avec les mouvemens les plus naturels, jusqu'à verser des larmes.

Ainsi l'Académie n'approuveroit point celui, qui par hasard, & sans connoître ces mécanismes, les auroit produits naturellement, s'en croyant l'inventeur; pourquoi? Parce que d'un côté le nouveau manqueroit, & de l'autre l'utile. Elle en agiroit ainsi à l'égard de toutes les autres inventions de ce genre. Mais il n'en est pas de même de celles, qui sans être agréables ou nouvelles, sont cependant préférables par leur nouvelle utilité.

Par exemple le poësle n'est pas nouveau: son utilité est constante; mais cette utilité seroit bien plus grande, si au lieu de vingt buches on n'y en consumoit qu'une seule, ou la moitié d'une par jour, sans rien perdre du degré de chaleur nécessaire, & avec plusieurs autres commoditez pour la préparation des alimens : cela pourtant ne feroit pas nouveau ; les Allemands ont encore épuifé cette matière. Entre plufieurs Livres, il y en a un qui eft intitulé : *De arte lucrandi lignum*, où il y a plufieurs poëfles de différens prix : on y trouve même le calcul des dépenfes à faire pour l'établiffement de ces poëfles, & pour la confommation du bois, qui n'eft que de douze livres pefant par jour. Si en cet état quelqu'un fe préfentoit avec un poëfle des Allemands, il eft à préfumer que Meffieurs de l'Académie des Sçiences ne donneroient point de Certificat fur une chofe dont le Public eft en poffeffion, à moins qu'elle ne vit une utilité nouvelle & plus avantageufe que celles que nous tenons des Allemands.

Mais à mon égard elle s'eft expliquée fur la nouveauté & l'utilité de mes Fontaines, par plufieurs Jugemens, & par l'avis qu'elle a rendu après avoir été confultée par la Cour.

Quoique le premier Jugement ne regarde que celle de mes machines, qui eft propre à l'élévation des eaux, il eſt néceſſaire de le mettre ſous les yeux de mes Adverſaires, pour les convaincre, après qu'ils auront lû tous les Jugemens, que ſi l'Académie a regardé comme nouvelles les machines rectifiées au point de rendre un plus grand ſervice au Public, & jugé les Auteurs qui ont obtenu des Priviléges excluſifs dignes des faveurs du Roi, en ce qui concerne les rectifications utiles; à plus forte raiſon quand les machines ſont abſolument nouvelles, par la nouvelle utilité, & par la nouvelle application d'un principe connu.

Extrait des Regiſtres de l'Académie Royale des Sciences, du 4. Septembre 1745.

» M. Bouguer qui avoit été nommé pour examiner une machine » propoſée par M. Amy, Avocat au » Parlement de Provence, pour élever des eaux, en ſe ſervant du poids » d'une certaine quantité d'autre eau, » qu'il conſent à perdre, en ayant » fait ſon rapport; l'Académie a ju-

» gé, que quoiqu'au fond cette ma-
» chine soit presque la même que
» celle qui fut proposée en 1697.
» par M. Joly de Dijon ; cependant
» celle de M. Amy est exempte des
» saccades inévitables dans celle de
» M. Joly, qu'elle peut élever l'eau
» à une même hauteur, & en per-
» dre beaucoup moins ; & que par
» ces raisons elle peut être beaucoup
» plus utile au Public, & mérite la
» préférence. En foi de quoi j'ai signé
» le présent Certificat. A Paris ce
» dixième Septembre 1745. *Signé*,
» GRANDJEAN DE FOUCHI, Secré-
» taire perpétuel de l'Académie
» Royale des Sciences.

Extrait des Registres de l'Académie Royale des Science, du 4. Décembre 1745.

» Messieurs Nicole & Bouguer,
» qui avoient été nommez pour exa-
» miner une machine à purifier l'eau,
» présentée par M. Amy, Avocat au
» Parlement de Provence, en ayant
» fait leur rapport, l'Académie a ju-

» gé la proposition de M. Amy susceptible d'utilité en plusieurs rencontres; & cela d'autant plus, que les petits vases qu'il prescrit pour les usages domestiques, peuvent être faits de plomb ou de terre; ce qui donnera * aux gens les plus pauvres la commodité de s'en servir. En foi de quoi j'ai signé le présent Certificat. A Paris ce 9. Décembre 1745. *Signé* GRANDJEAN DE FOUCHI, Secrétaire perpétuel de l'Académie Royale des Sciences.

Attestation de M. de Reaumur, pour lors Directeur de l'Académie Royale des Sciences, du 29. Juillet 1747.

Elle est rapportée dans la première Partie, pag. 25.

* L'Académie ne parle pas dans ce Jugement comme dans le précédent, où elle indique une machine semblable, quoique moins utile : ici elle indique seulement l'utilité future, qui est le signe de la nouveauté.

*Extrait des Regiſtres de l'Académie Royale des Sciences, * du* 21. *Août* 1748.

Première Partie, pag. 30.

Extrait des Regiſtres de l'Académie Royale des Sciences, du 9. *Juillet* 1749.

» Nous avons lû par ordre de l'A-
» cadémie, l'Arrêt de la Cour de
» Parlement du preſent mois de Juil-
» let, qui ordonne que les Lettres
» Patentes obtenues par M. Amy,
» Avocat au Parlement de Proven-
» ce, portant Privilége excluſif en ſa
» faveur pendant vingt années, pour
» deux machines de ſon invention,
» deſtinées à l'élévation, & à la pu-
» rification des eaux, feroient com-
» muniquées à l'Académie, pour

* Le Jugement du 21 Août 1748. fait ceſſer toutes les difficultez ſur le filtre de l'éponge : il atteſte les nouvelles corrections ; & préſente du ſable à ceux qui ont du rebut pour les éponges.

» donner ſon avis ſur le contenu deſ-
» dites Lettres.

» La première de ces machines » deſtinée à l'élévation des eaux, » a été examinée par l'Académie, » qui après en avoir pris connoiſſan- » ce, décida par ſon Certificat du » 4 Septembre 1746. que quoique » cette Machine ne différât pour le » fonds de celle qui avoit été pro- » poſée par M. Joly de Dijon, & » dont on trouve la deſcription dans » le premier Tome du Recueil des » Machines approuvées par l'Acadé- » mie pag. 75; cependant M. Amy » avoit contribué par les changemens » qu'il y avoit faits, à rendre cette » Machine d'un uſage meilleur & plus » commode; & il ne nous paroît pas » qu'il y ait rien à changer à cette » déciſion.

» La ſeconde Machine deſtinée à » filtrer l'eau a été jugée ſuſceptible » d'utilité en pluſieurs rencontres. » Si l'Académie a cru que les Fon- » taines de M. Amy faites ſur ce » principe, & deſquelles pluſieurs » de ſes Membres ont fait depuis

» long-temps des expériences, se-
» roient commodes tant par la faci-
» lité de les nettoyer, que par celle
» du transport qu'on peut leur don-
» ner, en les formant de plusieurs
» piéces séparées, elle a aussi pensé
» qu'elles seront exemptes du dan-
» ger de verd-de-gris, par la matière
» dont elles sont construites, qui est
» l'étain, le plomb, ou la terre; que
» par les dernieres constructions de
» M. Ami, elles ne peuvent être su-
» jettes au surversement; qu'on en
» peut laver le sable & les éponges
» sans les déplacer; & qu'enfin ces
» dernieres seront toûjours couver-
» tes d'eau, ce qui est nécessaire
» pour les empêcher de contracter de
» mauvais goût.

» Par toutes ces raisons, nous per-
» sistons d'autant plus volontiers à
» regarder ces Machines comme uti-
» les, que les expériences qui ont
» suivi les avis précédens, n'ont fait
» que nous confirmer dans ce senti-
» ment & nous ne voyons rien qui
» puisse empêcher l'enregistrement
» desdites Lettres, en supprimant

» cependant l'usage des batteaux à
» filtration, auxquels l'Auteur a re-
» noncé, & desquels il a transporté
» plus utilement le mécanisme dans
» ses Fontaines. *Signez* DE REAU-
» MUR, *&* DE FOUCHI.

Je certifie le présent Extrait conforme à son Original, & au Jugement de l'Académie. A Paris, ce douzième Juillet 1749. Signé, GRANDJEAN DE FOUCHI, Secrétaire perpétuel de l'Académie Royale des Sciences.

Les Adversaires voyent maintenant, après tous ces Jugemens authentiques, encore plus expressément confirmez par le dernier Avis; que l'Académie conserve scrupuleusement aux Inventeurs les simples rectifications utiles, par la seule considération qu'elles renferment du nouveau: c'est donc à plus forte raison qu'elle m'a conservé mes Fontaines, puisqu'elle atteste fort clairement leur nouveauté & leur utilité en plusieurs rencontres.

FIN.

Atteſtation de M. Falconet, de l'Académie Royale des Inſcriptions & Belles-Lettres, Docteur-Régent de la Faculté de Paris, & Médecin conſultant du Roi.

TElle eſt la force de la coutume, que dans les choſes les plus importantes à la vie, plus ſouvent encore que dans les plus indifférentes, elle prévaut à la raiſon, quoique ſentie & même avoüée. L'exemple n'en ſçauroit être plus manifeſte que dans l'uſage des Fontaines de cuivre : tout le monde convient des accidens funeſtes que ſouvent elles produiſent, on en eſt frappé, on ſe recrie, & cependant l'on continue à s'en ſervir. L'étamure ſur laquelle on ſe raſſûre, eſt un ſecours d'autant plus infidéle que, ſoit ignorance, ſoit négligence, on n'apporte point aſſez d'attention à la renouveller, dans les cas où elle eſt néceſſaire. M. Amy ayant ſenti l'importance de tous ces inconvéniens, guidé par l'amour du bien public, nous propoſe des Fontaines faites de matières qui ne peuvent préjudicier à la ſanté : outre le danger dont il nous préſerve en excluant le cuivre, il les fait construire de manière à nous procurer une eau beaucoup mieux dépurée, & par conséquent plus saine, par le moyen de différens filtres placez avec art en différens endroits. Ajoûtons à tous ces avantages, la commodité que donne la structure qu'il a imaginée, pour transporter ces Fontaines quelque part que ce soit, & pour les nétoyer plus parfaitement, plus facilement & à moins de fraix sans les démonter. C'est le témoignage que je crois devoir rendre à M. Amy, sur l'examen des Fontaines qu'il m'a fait voir, & sur la lecture du livre qu'il donne au Public: témoignage au reste, qui ne lui seroit aucunement nécessaire, puisque le suffrage dont Messieurs de l'Académie des Sciences l'ont honoré, est au-dessus de toutes les approbations. A Paris ce 3. Décembre 1749. Signé, FALCONET, Docteur-Régent de la Faculté de Paris, & Médecin consultant du Roi.

Extrait de l'avis de MM. les Prevôt des Marchands & Echevins, Procureur & Avocat du Roi, & de la Ville, consultez par la Cour.

V*Eu les Lettres Patentes du Roi données à Verſailles le* 15 *Juin* 1746. *Pour obéir aux ordres de la Cour, &c. Nous croyons devoir eſtimer, ſous le bon plaiſir de la Cour, que les Lettres Patentes obtenues par l'impetrant, peuvent être enregiſtrées ſelon leur forme & teneur, en ce qui concerne la Machine propre à élever les eaux, &c. & quant à la Machine propoſée pour clarifier les eaux, nous eſtimons que leſdites Lettres Patentes peuvent être pareillement enregiſtrées ſans inconvénient, avec le changement propoſé par l'impetrant, qui conſiſte dans le concours du ſable.... Fait à Paris, le* 26 *jour d'Août.* Signé TAITBOULT.

Extrait de l'avis de MM. les Lieutenant de Police, & Procureur du Roi au Châtelet consultez par la Cour.

V*Eu les Lettres Patentes du Roi, données à Versailles le 15 Juin 1746, &c. Pour satisfaire à l'Arrêt de la Cour, du 2 Juillet dernier, &c. Nous estimons sous son bon plaisir, que lesdites Lettres Patentes peuvent, quant à présent, être enregistrées sans aucun inconvénient, pour être exécutées selon leur forme & teneur. Fait ce 30 Janvier* 1750. Signez, BERRYER & MOREAU en la minute; *& délivrée par Nous Greffier des Chambre Civile & de Police du Châtelet de Paris, soussigné*, Signé, MENARD.

TABLE DES MATIERES.

A

E

F

G.

H.

I.

L

M

Q

R

S

FIN.

APPROBATION.

J'AY lû par ordre de Monſeigneur le Chancellier, *la ſuite du Mémoire ſur deux Machines approuvées par l'Académie des Sçiences*, ou les *nouvelles Obſervations*; je n'y ai rien trouvé qui en puiſſe empêcher l'Impreſſion. A Paris le 5 Septembre 1749. *Signé* CLAIRAUT.

PRIVILEGE DU ROI.

LOUIS par la grace de Dieu, Roi de France & de Navarre, à nos amez & féaux Conſeillers, les Gens tenans nos Cours de Parlement, Maîtres des Requêtes ordinaires de notre Hôtel, Grand-Conſeil, Prévôt de Paris, Baillifs, Sénéchaux, leurs Lieutenans civils, & autres nos Juſticiers qu'il appartiendra : Salut. Notre amé le S. * * * * Nous a fait remontrer, qu'il déſireroit faire imprimer & donner au public un Ouvrage qui a pour titre *Mémoire ſur l'utilité de deux Machines approuvées par l'Académie Royale des Sciences*, s'il nous plaiſoit lui accorder nos Lettres de Permiſſion ſur ce néceſſaires. A CES CAUSES, voulant favorablement traiter l'Expoſant, Nous lui avons permis & permettons par ces Préſentes, de faire imprimer ledit Ouvrage en un ou pluſieurs Volumes, & autant de fois que bon lui ſemblera, & de le faire vendre, & débiter par tout notre Royaume, pendant le temps de trois années consécutives, à compter du jour de la date des Présentes. Faisons défenses à tous Libraires, Imprimeurs & autres personnes, de quelque qualité & condition qu'elles soient, d'en introduire d'impression étrangère dans aucun lieu de notre obéissance : À la charge que ces Présentes seront enregistrées tout au long sur le Registre de la Communauté des Libraires & Imprimeurs de Paris, dans trois mois de la date d'icelles, que l'impression dudit Ouvrage sera faite dans notre Royaume, & non ailleurs, en bon papier & beaux caractères, conformément à la feuille imprimée, attachée pour modéle sous le contre-scel des Présentes, que l'Impétrant se conformera en tout aux Réglemens de la Librairie, & notamment à celui du 10. Avril 1725. qu'avant de l'exposer en vente, le Manuscrit qui aura servi de copie à l'impression dudit Ouvrage sera remis dans le même état où l'Approbation y aura été donnée, ès mains de notre très-cher & féal Chevalier le Sieur Daguesseau, Chancelier de France, Commandeur de nos Ordres, & qu'il en sera ensuite remis deux Exemplaires dans notre Bibliothéque publique, un dans celle de notre Château du Louvre, & un dans celle de notredit très cher & féal Chevalier le Sieur Daguesseau, Chancelier de France, le tout à peine de nullité des Présentes : du contenu desquelles vous mandons & enjoignons de faire joüir ledit Exposant, & ses ayans cause, pleinement

& paisiblement, sans souffrir qu'il leur soit fait aucun trouble ou empêchement. Voulons qu'à la copie des Présentes, qui sera imprimée tout au long au commencement ou à la fin dudit Ouvrage, foi soit ajoûtée comme à l'Original. Commandons au premier notre Huissier ou Sergent, sur ce requis, de faire pour l'exécution d'icelles, tous actes requis & nécessaires, sans demander autre permission, & nonobstant Clameur de Haro, Charte Normande, & Lettres à ce contraires. CAR tel est notre plaisir. Donné à Paris le 11. jour du mois d'Août, l'an de grace 1747. & de notre Regne le 32. Par le Roi en son Cônseil. *Signé*, SAINSON.

Registré sur le Livre N°. XI. de la Communauté des Libraires & Imprimeurs de Paris, page 727. N°. 830. *conformément aux Réglemens, & notamment à celui du* 28. *Février* 1723. *A Paris le* 13. *Août* 1747.

G. CAVELIER, *Syndic*.

www.ingramcontent.com/pod-product-compliance
Ingram Content Group UK Ltd.
Pitfield, Milton Keynes, MK11 3LW, UK
UKHW020949230726
13923UKWH00007B/214